Chevalier de Lumière

Recueil de planches

A ceux qui cherchent, car ils trouveront,
A ceux qui frapperont à la porte, car on leur s'ouvrira,
A ceux qui demanderont, car on leur donnera

Table des matières

7

Travaux au premier degré

Travaux au premier degré

9

Autour du Symbolisme

Que venons nous faire en Loge ?

Les profanes qui frappent à la porte du temple, sont au départ animés par les mêmes motivations : Celles du désir de mieux se connaître, de se libérer des préjugés, et de comprendre son prochain. Celle d'apprendre à recevoir comme de donner, tout ceci dans l'espérance d'une certaine sérénité intérieure.

Naturellement, la perception de son engagement et du but à atteindre, évoluera parallèlement à nos propres progrès.

Mais avant toutes choses, il faudra se placer sur le chemin et commencer par « *se connaître soi-même* », puis « *vaincre ses passions, et soumettre sa volonté à ses devoir* ». Cela ne signifie pas la destruction de ses passions, mais d'apprendre à les dominer, comme par exemple de rejoindre ses frères en loge, quitte à accepter de rater un grand match de football sur canal+... Parce que si ce dernier peut être enregistré, ce n'est pas le cas d'une fraternité qui elle : doit se vivre.

D'autant plus que l''assiduité est un devoir issu d'un serment librement consenti, et que le Franc-maçon s'engage autant envers la communauté de ses frères, qu'envers lui-même.

Chacun d'entre nous a une part de responsabilité dans la réalisation de l'édifice. Ainsi, le bonheur de tous sera donc l'affaire de chacun. Si chacun fait peu, mais fait bien, nul ne s'étonnera alors de voir apparaître une « égrégore ».

Cette égrégore, ou harmonie collective, qui est tout autant le reflet, que la source, de nos progrès individuels, et ressentis collectivement.

La chaîne d'union représente par ailleurs l'apogée de cette égrégore fraternelle en loge. Ce moment si précieux au sein duquel chaque frère transmet son amour, tout en le recevant des autres .

Plus tard, l'agape ne fera que prolonger ce moment si particulier de bonheur collectif, tel que les apôtres du christ ont certainement dû le ressentir lors de repas pris en commun.

Ainsi, une tenue fraternelle n'est pas un spectacle auquel on déciderait d'assister ou non, mais une communion mensuelle qui n'aurait aucun sens sans la présence de chacun.

Au final, il faut aussi considérer que l'avenir de l'ordre maçonnique, repose sur les épaules des frères d'aujourd'hui. En effet, la motivation des futurs candidats sera proportionnelle à l'amour et à la sérénité que nous serons capables de leur apporter.

J'ai dit !

L'épreuve de la terre ou la caverne de réflexion

Il y a bien longtemps, durant la quête de Graal, les chevaliers de la table ronde partirent à la recherche de la vérité éternelle. Presque tous ont péri, ayant épuisé leurs forces à arpenter terres et océans.

Perceval, lui-même au seuil de la mort, miraculeusement épargné, trouva enfin ce qu'il cherchait. Il annonça la bonne nouvelle au roi Arthur.

« La lumière de la création et de la vérité absolue est en réalité très proche. Elle est tout simplement en nous, car l'homme détient en lui, une étincelle de la substance Divine ».

L'homme ainsi fait à l'image du grand architecte de l'univers, chacun d'entre nous est donc « fils de Dieu », car possédant en lui, une part du Divin. Cette étincelle sacrée est notre âme.

Les épreuves et les voyages initiatiques de nos rituels, représentent ainsi, une sorte de « quête du Graal » symbolique.

Tout commence donc par la libre volonté d'un homme qui part à la recherche de sa nature profonde, et du sens qu'il espère donner à son existence. Tout commence donc par une mort symbolique au sein du cabinet de réflexion, tombeau profane et matrice sacrée de sa renaissance.

Dans ce lieu, nous trouvons de nombreux symboles majeurs qui décrivent tout à la fois ce que nous sommes et notre destination spirituelle.

Sur la table, symbole du monde terrestre, l'eau et le pain, nous rappellent le caractère fragile de la condition humaine et représentent ce qui est nécessaire à notre survie.

Le crâne et le sablier, représentent le caractère temporaire de la vie humaine. Nous nous dirigeons tous vers la mort, une fois né, et que par conséquent, nous devons rendre utile chaque seconde de notre vie.

La bougie symbolise l'étincelle divine qui est en nous, et qui éclaire en nous les ténèbres encore profanes de notre temple intérieur.

Le miroir symbolise la conscience que possède le candidat en posant son regard sur lui-même. Cette « réflexion » porte sur ce qu'il est et sur ce qu'il croît qu'il est. Le miroir lui offre en une image sans concession de lui-même, une image de vérité.

Quant aux 3 éléments alchimiques, Sel, Souffre et Mercure, ils témoignent que rien n'est figé dans la création, et que l'homme possède en lui tous les moyens de sa propre transformation, car, comme le disait si bien Lavoisier, « *Rien ne se perd, rien ne se crée, tout se transforme* ». Cela est vrai aussi sur le plan spirituel.

Sur le mur, se trouve la faux, symbole de moisson et donc de nourriture, mais elle représente ici la nourriture éternelle, offerte par la vraie lumière, laquelle ne peut être visible que par les yeux de l'âme et du cœur, au moyen de la persévérance et de la régularité que le coq symbolise. Le coq est aussi le cri annonciateur de la vraie lumière qui bientôt se lèvera sur l'âme du profane.

Sur le mur se trouve des avertissements à l'égard du profane :

- Si une vaine curiosité t'a conduit ici, va-t-en !
- Si ton âme a senti l'effroi, ne va pas plus loin.
- Si tu persévères, tu seras purifié par les éléments, tu sortiras de l'abîme des ténèbres, et tu verras la lumière.
- etc.

C'est aussi et surtout la formule VITRIOL qui attirera l'attention du candidat. VITRIOL fait peur, car dans le langage courant, il s'agit de l'acide sulfurique, mais ici, ce n'est qu'un acronyme d'une phrase latine, et pour l'instant cachée au néophyte, qui signifie « *Visita Interiora Terrae Rectificando Invenies Occultum Lapidem* », c'est-à-dire en français : « Visite l'intérieur de la terre et en rectifiant tu trouveras la pierre cachée ». c'est une invitation à l'introspection et la découverte de son temple intérieur. La « pierre cachée » peut être vue comme une allusion à la pierre philosophale, donc à la sérénité et la paix intérieure.

Sur la table, enfin, une simple feuille sur laquelle le candidat devra répondre à trois questions qui définiront tout à la fois sa vision du monde, au début de sa démarche, ainsi que ses espérances future. Ces questions sont (au Reaa) :

Quel est votre but en entrant en franc-maçonnerie ?

- *Quels sont les devoirs de l'homme envers l'Humanité et la Patrie ?*
- *Quels sont les devoirs de l'homme envers lui-même ?*
- *Si vous étiez à l'heure de la mort, quel serait votre testament philosophique ?*

Ainsi, un homme nouveau, régénéré, renaîtra à lui-même, par l'effet de sa propre volonté, tel un Phœnix renaissant de ses cendres. Ainsi apparaît un papillon de lumière sorti de sa chrysalide. Ce futur jeune initié, découvrira plus tard, au sein de sa loge, tous les symboles et outils symboliques utilisés par la franc-maçonnerie , tels de véritables joyaux de l'esprit, placés sur l'écrin du rituel, et qui jalonneront le chemin de ses progrès.

J'ai dit

Le pavé mosaïque

Certains symboles ne sont pas sont disposés au centre de la loge par hasard, mais parce qu'ils revêtent une importance capitale, et ne doivent donc jamais être perdus de vue par tous les Franc-maçons, quels que soient leurs grades.

Parmi ces symboles, au centre même de la loge, nous trouvons le « pavé mosaïque ». Le pavé mosaïque est entouré par quatre colonnettes :

- Trois d'entre elles sont visibles, car ils correspondent aux valeurs communes à tous les Franc-maçons. Ces valeurs qui nous permettent de bâtir et de soutenir durablement le grand édifice terrestre, pour lequel nous sommes tous ici.

- La quatrième colonnette est invisible parce qu'elle représente chaque Franc-maçons dans son individualité propre. L'extrême diversité des âmes, comme la création divine elle-même, ne pouvant se représenter concrètement, puisqu' échappant à notre entendement.

Ces colonnettes symbolisent donc tout ce qui est nécessaire à l'homme pour accéder à la « Verticalité spirituelle », pour tenter de s'élever au dessus de sa propre condition initiale, et de « prendre de la hauteur » sur le pavé mosaïque.

Le mot « pavé » n'est pas à prendre au sens propre : celui de « pavé de boulevard ». « Pavé », ne définit pas un objet, mais un mode de construction : le pavage.

Dans les anciennes loges, c'était la totalité du sol de la loge qui était ainsi conçu en pavage noir et blanc alternés. Aujourd'hui, le pavage du sol de la loge est souvent réduit symboliquement et disposé entre les colonnettes.

Le pavé mosaïque, représente autant l'océan des passions et des comportements extrêmes et la vision « binaire », que celui des contradictions et des paradoxes, sur lequel vogue le frêle esquif de l'homme.

Le pavé mosaïque représente ainsi la condition humaine initiale, à laquelle aucun humain n'échappe dès lors qu'il naît dans ce monde.

Pour le profane, il passera d'une case à une autre, en éprouvant durant sa vie, une succession de passions et de dépressions, de certitudes et de doutes, de vertus et de vices, de logique et de paradoxes, passant souvent d'un extrême à un autre. Tombant sans cesse de Charybde en Scylla et reproduisant sans cesse les mêmes erreurs.

Il passera ainsi d'une vague noire à une vague blanche, puis d'une vague blanche à une nouvelle vague noire, et tout ceci : sans avoir de vision globale de l'océan sur lequel il navigue, ni même souvent une idée précise de sa destination ... car le bandeau recouvre encore ses yeux !

Fort heureusement, au travers d'une société initiatique telle que la Franc-Maçonnerie, l'homme découvre sa capacité de « renaître consciemment et volontairement à lui-même, en tour-nant son regard vers la lumière.

Que veut dire ceci ? Tout simplement que l'homme initié peut s'élever au dessus du niveau zéro du pavé mosaïque, niveau essentiellement constitué de passions binaires, pour accéder au ternaire spirituel, en « levant la tète ». C'est à dire en tour-nant sa conscience vers la vérité, la connaissance de soi, la compassion, la modération dans ses actes et propos.

C'est donc en prenant un peu de hauteur, que l'initié prend globalement conscience des passions qui l'agitent, et des pré-jugés qui le dévorent. C'est à ce stade, que le nouvel initié commencera à tailler sa « pierre brute ».

Le fil à plomb, au dessus du pavé mosaïque, nous rappelle depuis le jour de notre initiation, que c'est par la descente en soi et le perfectionnement de son temple intérieur, que l'on parviendra réellement à s'élever et contribuer ainsi efficace-ment à l'édifice du « temple vivant » (l'humanité).

Certes, la perception et la signification du pavé mosaïque varieront selon les grades, mais une chose est certaine : On n'a jamais fini de vaincre ses passions avant d'avoir rejoint l'orient éternel.

Au final, le pavé mosaïque, placé au centre de la loge, rappelle ainsi à chaque Franc-maçon, quelque soit son grade, qu'il ne doit jamais relâcher ses efforts sur le chantier de son perfectionnement, ni se croire totalement libéré des passions humaines.

J'ai dit !

De la pierre brute au « temple vivant »

La Franc-maçonnerie est spéculative, c'est à dire que tous ses outils et travaux sont symboliques. La loge travaille à la construction du grand édifice, et donc au grand temple vivant d'une humanité éduquée et éclairée, où chaque individu est représenté par une pierre à la taille originale et qui s'intègrera harmonieusement dans l'édifice final.

Lors de la cérémonie d'initiation, le premier travail d'un apprenti maçon consiste à frapper les premiers coups sur la pierre brute, qui représente son propre esprit. « *les apprentis doivent travailler à dégrossir la pierre brute afin de la dépouiller de ses aspérités et de la rapprocher d'une forme en rapport avec sa destination* »

La pierre brute représente l'homme dans son état naturel et profane, c'est à dire non éduqué, et où les aspérités symbolisent les vices, défauts, égoïsmes et préjugés de son esprit imparfait. Mais quelle serait donc la finalité d'une pierre brute sinon d'être taillée ?

"Tailler sa pierre" est donc un travail permanent que le franc-maçon fait sur lui-même, progressant sans cesse en diminuant ses défauts, afin d'être réellement utile à autrui et de participer ainsi à la construction d'une humanité toujours plus savante et pacifique.

Si la franc-maçonnerie est une école de perfectionnement de soi, elle est aussi une école d'humilité. En effet, quelque soit la précision et la durée de la taille, la pierre brute de notre esprit ne sera jamais totalement parfaite et il subsistera toujours quelques imperfections.

Le Franc-maçon reste donc un éternel « cherchant », mais le travail ininterrompu l'éloignera sans cesse de la pierre brute qu'il était initialement. Confucius disait d'ailleurs fort à propos que « *l'essentiel n'est pas d'atteindre la perfection mais d'être sur son chemin et de progresser vers elle* ».

L'apprenti taille donc la pierre de son esprit au travers de deux outils symboliques:

- le maillet représentant la volonté agissante, et la détermination répétée de corriger les imperfections

- le ciseau qui est composé de deux parties : la tige ou « faisceau des résolutions et vertus », transmettant la force donnée par le maillet à la lame, qui symbolise, elle, le discernement et la conscience de ses imperfection, afin que le coup porté soit juste et parfait (Il s'agit d'enlever les aspérités de la pierre, et non d'en creuser davantage les trous)

Rien ne peut se faire sans l'action combinée de ces deux outils car l'intellectuel pur sans énergie, la force sans idées ou encore l'un de ces deux concepts, mais sans but applicatif (la pierre) ne sauraient être concevables.

C'est ainsi que la pierre taillée, donc la beauté, sera la résultante directe de l'action combinée entre la sagesse appliquée au ciseau, et la force répétitive transmise par le maillet. C'est ainsi que « *La sagesse conçoit, la force exécute et la beauté orne !* »

Nous ne manquerons pas de rapprocher ces trois éléments : la pierre brute, le ciseau et le maillet), du nombre 3: intimement associé au grade d'apprenti ainsi que de son âge symbolique en maçonnerie, et du concept de « ternaire » en général.

Le travail de l'apprenti consiste donc à préparer son esprit à sa future intégration au temple vivant, c'est à dire: être réellement utile aux autres par la transmission de la lumière qu'il a reçu et donc: « *Être en rapport avec sa destination* »

Comme cette phrase écrite au fronton du temple de Delphes et qui coûta la vie à Socrate, son auteur: « *Connais-toi, toi même, et tu connaîtras l'univers et les Dieux* ».

A titre personnel, le silence de l'apprenti, la réflexion et l'écoute m'ont permis de relativiser de nombreuses certitudes que mon esprit croyait inébranlables, et m'ont ainsi permis de développer l'empathie nécessaire à l'acceptation objective de nouvelles connaissances.

Spinoza disait :

« *Tu dis que tu as choisi une idée parce qu'elle est bonne, et bien sache qu'en réalité tu dis qu'elle est bonne, parce que tu l'as choisie* ». Aujourd'hui je dis qu'une idée est bonne, parce qu'elle conduit vers l'harmonie !

J'ai dit.

L'ouverture des travaux de loge au 1er Degré

Tout commence par des frères, venus de toute part, unis par la même croyance, partageant les mêmes convictions, et unis par la même détermination à terminer l'ouvrage, sur le chantier symbolique.

Tout commence par le maître des cérémonies qui, seul dans la loge, éclaire « le principe créateur »

Après s'être assuré que le Temple est à couvert, et que les frères se soient reconnus pour tels, l'ouverture rituelle des travaux peut alors commencer.

La loge sera ainsi recréée à chaque tenue, au sein d'un espace et d'un temps temporairement sacrés, dit « sacralisé » :

- Sacraliser l'espace, c'est transformer l'invisible en visible, mais c'est aussi inviter l'infini au cœur de notre Loge, infime maillon de notre ordre universel, mais qui ressentirait soudainement la puissance de la chaîne tout entière.

- Sacraliser le temps, c'est accueillir l'éternité au sein d'un « présent suspendu », Instant magique partagé en une « égrégore » fugace et réunissant les frères de tous les temps, passés présents et à venir.

Les frères installés en loge à cet effet, « vont collectivement réaliser leurs intentions » au travers de l'un d'entre eux.

L'expert agenouillé entre les piliers force et beauté, devient alors « le bras sacré » de la loge. Il ne s'appartient plus, et se trouve littéralement « possédé » par la volonté créatrice des frères, dont l'esprit s'est ainsi focalisé « au centre de la loge »

Ce Tableau de loge, ou « tapis de loge », symbolise à l'échelle humaine la loge, ses principes t ses outils. Il est dessiné, à la façon des anciens Maîtres, traçant sur la planche enduite de plâtre, les plans de la future cathédrale. Cette représentation graphique a aussi un « pouvoir créateur », comme celui des lettres de l'alphabet hébreux, ou encore celui des hiéroglyphes Egyptiens.

Le tableau de loge, enfin, est conçu selon une procédure très précise. Orienté dans l'axe sacré Est-Ouest, et de proportions divines : Phi. Il est réalisé par la main de l'expert, « possédé », par le regard des membres de la loge, dont il devient le bras. Il est tracé sur le pavé mosaïque de la « manifestation », entre les 3 colonnettes des « vertus mères », sous la voûte sacrée, et dans le prolongement de « l'axis mundi ».

Le tableau de loge est exécuté dans un ordre bien précis : du nord « ignorant » au midi « illuminé », et de l'occident « profane » vers l'orient « sacré ».

Mais, nous sommes ici en présence d'une « création éphémère et fugace », comme les mandalas Tibétains, ou comme les tracés mystiques des druides Celtes, réunis dans une clairière, et qui effaçaient ensuite ces symboles, une fois leur réunion terminée.

Cette symbolique collective n'existera donc que le temps d'une Tenue, celui d'un Égrégore d'expression divine, et dont l'atteinte se traduira par l'effacement du Tableau de Loge.

Le Temple est divisé en trois parties, comme dans une Église, chaque partie figurant une étape sur le chemin de l'initié.

Le Parvis du Temple (ou Narthex), situé à l'occident, est la zone de transition entre les mondes profane et sacré. C'est une zone de flux et de reflux, de mouvements d'entrées et de sorties, de passage du désordre vers l'ordre. Pour le quitter, on devrait théoriquement monter un escalier à trois marches, traduisant les obstacles et les épreuves qu'il faut affronter pour autoriser le passage de la porte, à la façon du Cerbère devant l'entrée des Enfers. Ces trois marches sont symboliques et correspondent d'ailleurs aux trois voyages de l'Apprenti.

Ensuite on entre dans la zone centrale du Temple (la Nef), c'est le lieu de culte des adeptes, et aussi le lieu de transmission des secrets des hommes ; il n'y a plus d'agitation, mais c'est tout de même une zone de déambulation, où les mouvements sont réglés, harmonisés, ritualisés. Ce lieu est présidé par les 3 grandes lumières et soutenu par les 3 grands piliers.

Enfin, on perçoit, à défaut d'y accéder, une 3ème partie du Temple, appelée « le Saint des Saints » (le Noos du Temple). Il est séparé du reste du Temple à nouveau par trois marches. Situé à l'Orient, c'est un lieu de la sagesse immuable, éclairé par les trois luminaires célestes. Forme symbolique d'une trinité universelle.

Le Maître des Cérémonies et l'expert, accomplissent leurs déambulations rituelles, dextrorsum. C'est à dire en tournant toujours vers la droite dans le sens du mouvement apparent du soleil, autour du centre, évoquant ainsi le passage initiatique du moi au soi .

Le maître des cérémonies allume son étoile à la flamme du « principe créateur», placée sur le plateau du V.M., puis, accompagné de l'Expert, se rend successivement, auprès des trois colonettes pour en allumer les « principes vertueux ». Le monde des hommes doit ainsi être emprunt de Sagesse de Force et de Beauté, conditions préalables à la présence divine parmi les hommes.

Ensuite, les trois grandes lumières sont disposées sur l'autel des serments, selon le degré des travaux. C'est alors que le vénérable maître devient, au moment de l'invocation rituelle : « l'intercesseur de la lumière divine ». Son épée flamboyante, capte la « lumière inspiratrice » du créateur, pour la faire résider temporairement sur l'autel des serments, telle la Shekinah vers l'arche d'alliance dans le premier temple de Jérusalem. De là, elle se diffusera auprès de tous les frères de la loge, jusqu'à l'invocation de son retrait du monde des hommes par le VM, en fin de travaux.

Les rythmes rituéliques, sont perceptibles sous différents aspects :

- par les officiers mobiles qui marquent discrètement les angles de la création manifestée. (manifestée et non forcément révélée)

- Par les dialogues entre les principaux officiers, dialogues qui se déplacent en loge, telle la foudre créatrice au sein de l'arbre de vie des kabbalistes, ou comme la répétition des ordres dans ce vaisseau symbolique.

- Par ceux, enfin, des frères de la loge, lors des acclamations rituelles.

Tous ces rythmes cadencent la tenue tel un métronome du « temps sacré ». Le temps sacré cadence les travaux qui s'y déroulent.

Il ne faut pas oublier l'importance et la magie des silences, soulignant en loge les instants rituels forts, comme le font les pauses d'une partition musicale. En effet, sans le silence tout ne serait que bruit continu et sans bruit tout ne serait que silence immuable. De la même manière que point de lumière sans ténèbres.

Il convient de noter que la fermeture de la loge empruntera le même chemin, mais rigoureusement inversé. Que tout commence par le MDC qui allume seul en loge le « principe créateur » et qui l'éteindra à la fin des travaux, à nouveau seul en loge.

En conclusion, les frères s'assemblent, forts de leurs croyances, avec la volonté d'œuvrer pour espérer l'inaccessible. Il se sont dépouillés de leurs métaux, et donc de leurs préjugés, arrogances, et certitudes, et se cheminent sur le chemin sacré de la vérité.

Le VM agit en intercesseur entre Dieu et les hommes, et invite la présence divine à résider temporairement parmi les eux, telle la Shekhina du premier temple de Jérusalem

Tout est ainsi juste et parfait, la concorde, la fraternité et la charité président à la construction de notre édifice. Nos regards sont tournés vers la lumière.

L'égrégore est perçu par les frères, cette fraction infime de l'amour divin infini, se matérialise alors en un instant fugace, hors de l'entendement humain, mais totalement inoubliable.

A l'issue des travaux, les Frères garderont dans leur cœur, tenue après tenue, l'empreinte de cet instant magique dont ils ont créé les conditions d'apparition, qu'ils ont approché l'espace de quelques heures, mais qu'ils ont dû « relâcher », car nul homme ne peut conserver l'infini de l'Amour et l'éternité divine entre ses mains.

Cette renaissance répétitive à l'amour est aussi ce qui nous permet de renaître progressivement à nous même. Chacun de ces instants précieux, glanés au fil des tenues, se cumulent dans le « tabernacle intime » de notre cœur !

L'ouverture des Travaux en Loge, c'est abandonner l'apparence pour la réalité, et l'illusion pour la vérité ;

Ouvrir les travaux, c'est créer les conditions de la rencontre mystérieuse avec Soi-même, ainsi que ressentir l'empathie envers ses frères, tout en ayant une perception fugace du Divin.

J'ai dit

32

L'architecture symbolique de la loge

Le vaisseau symbolique de l'homme en progrès, la loge est la représentation à petite échelle d'une réalité globale. Un peu comme une cellule obéit à des principes communs au corps entier, ou encore une pierre est de même nature que l'édifice dans son ensemble. Par ailleurs, la « répétition du motif initial » peut également faire penser à une sorte d' « architecture fractale », tendant vers l'infini.

La loge représente la symétrie entre le microcosme, le macrocosme, et toutes les échelles intermédiaires. La « table d'émeraude » ne nous dit-elle pas : « *tout ce qui est en haut est comme ce qui est en bas, et tout ce qui est en bas est comme ce qui est en haut* ».

Il s'agit donc d'un véritable modèle social et humain, placé au sein de son environnement. C'est une modélisation globale et théoriquement applicable à toutes échelles, depuis le plus petit groupe d'homme au sein de sa ville, jusqu'aux nations entre elles et à l'humanité au sein de l'univers.

La loge est une « école de la vie » permettant l'harmonisation d'une société a partir du perfectionnement individuel de ses membres:

Le progrès individuel est obtenu au sein de la fraternité de loge, telle une sorte de « psychothérapie de groupe » Le travail est individuel, mais la motivation est collective, et nul ne juge quiconque.

Le progrès social est obtenu par l'élévation des potentiels individuels, de la confiance en soi de chacun de ses membres, mais aussi par la diminution des comportements passionnels et outranciers de ces mêmes membres... à la manière d'une « école de management »

La loge est ainsi un vaisseau symbolique grâce auquel nous entreprenons collectivement notre propre voyage de perfection et partons à la rencontre de « l'autre », et de « l'ailleurs ». Elle est une sorte de « bulle interdimensionnelle », au croisement de tous les possibles, de toutes les échelles, et de toutes les espérances.

La loge est au carrefour de toutes les dimensions

Ce « vaisseau-bulle » possède trois axes de rotation au sein de l'espace: De l'orient à l'Occident, du midi au septentrion et du zénith au nadir. Ces rotations dans l'espace, ne pouvant naturellement s'exprimer sans la quatrième dimension : le temps.

Le temps, la quatrième dimension, s'exprimera en loge au travers de la « mémoire des actes » gérée par le secrétaire, celle de la « tradition » via l'orateur, ainsi que par les « déplacements » des officiers mobiles (MDC, expert et couvreur). La dimension temporelle s'exprimera aussi en dehors de la loge proprement dite, au travers de la « chaîne d'union temporelle » formée par les générations successives qui se sont relayées, et se relaieront encore sur le chantier symbolique.

Il y a enfin un cinquième axe, une 5ème dimension, prenant naissance au « point central et initial » de la loge, ce point de rotation nulle et d'espace-temps zéro.

Ce point est le « centre spirituel », centre, à partir duquel croit une « bulle de conscience et de savoirs » ; au détriment de l'espace formé par les ténèbres de l'ignorance, un peu comme une sorte de « big bang spirituel ». Il s'agit donc ici de la « dimension spirituelle ». Ce centre satisfait a la définition « il n'a pas eu de commencement et n'aura pas de fin ». En effet, comme en physique quantique, dans un espace-temps de dimensions 0 : tout est ainsi « potentiel » et « probable». Ce « centre » est donc « la source de la création » ...c'est-à-dire « l'incréé portant tous les possibles »

Cette dimension très particulière explique aussi pourquoi, dans nos rituels, on parle de « la loge maçonnique » et non « d'une loge maçonnique ». Chaque loge existe, mais toutes les loges n'en font au final qu'une seule. Il faut bien comprendre ici ce que cela signifie au fond. Chacun d'entre nous est une fraction de l'être suprême. Notre âme est faite de la même substance. Il n'y a qu'un seul esprit : « le tout » et chaque humain possède une âme. c'est-à-dire ce qui le relie au « grand tout », et qui permet donc à chacun, tout autant de « prendre » que de

« donner », au sein d'une existence collective, harmonieuse et symbiotique. En fait, croire en Dieu c'est croire en soi pour croire aux autres.

La loge est ainsi virtuellement comprise entre le point initial et central de rotation nulle « l'alpha », et un développement infini, bien au delà de notre entendement : « l'oméga ». Cet Omega correspond donc à la limite de l'univers crée par le « principe supérieur », qui est symbolisée par la « houppe dentelée » et définit notre maison commune. Ceci rappelle, en substance, la célèbre phrase de Theillard de Chardin : « *L'univers tend globalement à se spiritualiser, c'est-à-dire qu'il est formé d'une substance initiale, s'organisant et prenant lentement conscience d'elle-même* ». N'oublions jamais que « *nous sommes des poussières d'étoiles qui regardons les étoiles* », comme le disait Hubert Reeves.

Ainsi, notre « vaisseau de lumière » se déplace sans bouger, au sein même de toutes ses dimensions : Temple intérieur, Temple Humain, et Temple Céleste.

La trinité maçonnique ou les « trois grandes lumières »

Cet univers, ainsi défini, est éclairé et régi par trois grandes « essences », 3 principes fondamentaux, appelés les « trois grandes lumières ». Ces trois grandes lumières constituant ainsi la « trinité maçonnique », appellé le « ternaire »

Ces trois « essences » fondamentales sont présentes au sein de la loge, sous différents « aspects », correspondant a des plans de compréhension différent, mais exprimant la même vérité absolue. Il serait bien trop long de développer ici ce sujet, mais il faut pouvoir en citer quelques exemples:

- Esprit Créateur : Le delta rayonnant, le soleil et la lune

- Âme : Les colonettes Sagesse, Force et Beauté

- Réalité : La colonne centrale, La colonne « J », et la colonne « Boaz ».

- Homme : Le VM, le premier et le second surveillant

- Moyens : Le volume de la loi sacrée, le compas et l'équerre

Nous retrouvons aussi d'autres ternaires non spécifiquement maçonniques, et tels que :

- Logique : Thèse, Synthèse, Antithèse

- Social : Sympathie, Antipathie,Empathie,

- Physique : Le « + », le « - », le Neutre

- Etc ...

De ce fait, ces « trois lumières » ne se comparent pas mais se complètent et fusionnent en une même réalité. Dans tous les cas, il s'agit du principe de « l'un », existant mais inconscient qui est « dual » par la prise de conscience, puis qui ouvre une

3ème voie qui « intègre et arbitre », pour se dépasser le conflit permanent du binaire et progresser.

Le ternaire correspond ainsi a trois niveaux de conscience distincts, que l'on peut comparer aux capacités existentielles des végétaux, (existant sans conscience), des animaux (existant par la force), et des humains (capables d'arbitrage).

Les trois grandes lumières de la Franc-maçonnerie régulière, le ternaire sacré, lui-même composé de trois sous-ternaires , sont symbolisés et placés sur l'autel des serments, au centre de la loge.

- Bible :   Loi Divine - Traditions - Sagesse,

- Compas :   Pensée - Spiritualité - Amour

- Equerre :   Force - Volonté - Action

Les serments ou tous autres travaux symboliques d'une loge régulière, ne peuvent en aucun cas s'effectuer en leur absence. Elles sont positionnées selon le grade des travaux courants. La présence symbolique des trois grandes lumières rend alors la loge et l'ensemble de ses dimensions, pleinement « sacralisées ».

Les trois grandes lumières symbolisent le principe supérieur, créateur de toutes choses, conférant à l'homme une part de son pouvoir créateur, au travers des moyens matériels et spirituels dont il l'a doté. Ces trois grandes lumières sont ainsi symbolisées respectivement par : le volume de la loi sacrée, l'équerre et le compas.

On parle d'espace et de temps « sacralisé », lorsque l'espace-temps est rendu temporairement sacré, alors qu'un « espace-temps sacré » l'est, quant à lui, de façon permanente (lieux de culte comme les églises et les temples par exemple ...).

Mais la loge ne peut être pleinement « sacralisée », que par la présence de ceux qui la composent : c'est-à-dire des frères, avec un minimum de 7, pour que « *trois la dirigent* », « *cinq l'éclairent* » et « *sept la rendent juste et parfaite* ». Entre deux tenues au sein de l'espace-temps sacralisé, les frères sont épars, et apportent la lumière sur le parvis plongé dans les ténèbres.

La loge est ainsi une sorte de « monastère temporaire » au sein duquel les chevaliers de lumière se réunissent avant de poursuivre leur office au sein du grand chantier qu'ils ont entrepris, celui de contribuer à l'édification du grand « temple vivant », en apportant, par leur exemplarité, la lumière de la vérité et des vertus, sur le parvis, auprès des profanes.

Le symbolisme en loge

La loge est constituée de symboles. Il ne faut pas oublier qu'a une époque très reculée, la quasi-totalité des hommes était totalement analphabète. C'est à cause de cela que s'est construit un système de formation et de transmission culturelle totalement oral. Dans ce sens, le symbole doit être « porteur de sens », sachant que le symbole peut tout aussi bien exprimer une intention, un but, une action ou encore un concept. Les hiéroglyphes Égyptiens étaient aussi, et pour une large part, des symboles.

Mais il faut faire attention aux dérives des sociétés culturellement avancées, qui ont tendance à une « intellectualisation outrancière », et qui associent souvent aux symboles, divers hypothèses, fantasmes ou élucubrations de toutes sortes. Pour paraphraser la célèbre maxime « de l'horloge », on pourrait ainsi dire que : « Avant le symbole ce n'est pas le symbole, après le symbole ce n'est plus le symbole ... le symbole : c'est le symbole ».

La Force du symbole, par rapport à un simple « logo », c'est qu'il est porteur de sens, dont la subtilité d'appréciation relève de chaque personne qui l'observe et s'en imprègne. Avec le temps et l'accumulation des connaissances, il se peut aussi que chez une même personne, le symbole dévoile une vérité sous-jacente inaperçue jusqu'alors. C'est ainsi que, comme certaines écritures anciennes, un symbole peut être porteur de sens commun, de sens érudit, et de sens initiatique.

Il est du devoir de chaque Franc-maçon de s'interroger et de méditer sur la signification profonde des symboles, au regard de la société et du présent que nous vivons. Nos symboles sont donc des clés, et toute clé n'a de sens que par la serrure qu'elle ouvre. Il faut noter que les symboles ont aussi la particularité d'être associatifs, c'est-à-dire qu'en dehors de leur signification propre, ils peuvent être porteurs d'une signification collective, lorsque certains d'entre eux sont associés. (La pierre brute, le ciseau et le maillet par exemple), pris ensemble, représente le travail que doit faire le maçon sur lui-même.

Certains symboles enfin, ne peuvent avoir de sens s'ils sont pris isolement (Par exemple : le ciseau du discernement moral au bout du faisceau des résolutions, n'aura aucun sens, en l'absence de la volonté agissante et persévérante du maillet pour les mettre en œuvre.

Les symboles d'une loge sont souvent redondants, ou plutôt repris en « écho » ... mais en aucun cas, ils ne sont ambigus.

La symbolique centrale de la loge

Les symboles placés au centre de la loge sont les plus importants et, de ce fait, ne doivent jamais être perdus de vue par les Frères ... quelque soient leurs grades.

La loge est globalement organisée autour de trois colonnes, au sens de « file », lesquelles étant disposées horizontalement (excepté leurs rappel à l'entrée de la loge .. Colonne B, porte du temple et colonne J).

Ces trois colonnes figurent les trois « classes » de frères.

- La colonne « Boaz », composée des Frères Apprentis

- La colonne « J », composée des Frères Compagnons

- La colonne centrale et invisible, matérialisée tout de même par la porte du temple, qui représente les Maîtres et officiers de la loge

Les 3 colonnettes, au centre de la loge représentent des vertus fondamentales, proches des 3 grandes lumières, mais au plan strictement humain. Elles sont verticales et terminées par des « étoiles » (bougies », qui symbolisent leur infinité et donc l'impossible d'atteinte parfaite pour l'humain. Ces vertus doivent rester sa motivation principale du Franc-Maçon.

Cette verticalité signifie qu'elles permettent l'élévation de l'hom-me au dessus de sa condition humaine initiale, donc de l'élever du pavé mosaïque, fait d'instincts, de désirs et de pas-sions ; et de consolider ainsi, de manière durable, tout ce qu'il entreprend, tut en espérant ainsi accéder à la « cinquième dimension », ou dimension spirituelle.

3 colonettes « soutiennent donc « la loge », et se nomment :

- la sagesse ...   « qui conçoit »,

- la force ...   « qui achève », (après avoir réalisé)

- la beauté ...   « qui orne ».

Ces définitions sont en fait restées très « opératives » et allé-goriques, en signifiant globalement « imaginer », « agir » et

« raisonner ». Elles doivent être ainsi ajustées sous l'angle de la maçonnerie spéculative de la manière suivante :

La sagesse, « La conscience équitable » Équitable, ayant ici un double sens :Celui de l'harmonie par la synthèse des points de vue, mais aussi celui de justice, pour la capacité de « trancher » et donc de décider. Cette vertu est donc la « juste gouvernance de soi comme celle des autres »

La force : L'action et les moyens matériels pour concrétiser l'édifice entrepris, faute de quoi, cet édifice ne serait qu'un rêve inachevé. La Force, est aussi la détermination et la Volonté.

La beauté : Représente les principes, le plan et l'organisation, les valeurs morales, la raison et les sentiments (notamment la solidarité, l'empathie et la compassion), sans lesquelles l'édifice n'aurait ni signification, ni but, et donc aucune « raison d'être ».

Il existe aussi une quatrième colonnette, invisible, représentant chaque maçon dans son individualité, et sa propre vison du monde et des symboles, et ne pouvant donc, de ce fait, être représenté.

Nous percevons donc cette architecture sacrée au sein de laquelle : les colonnettes ou « piliers » soutiennent les trois temples : le temple intérieur, le temple de l'humanité, et le temple céleste, puisque les colonnettes se terminent par des étoiles indiquant leur infinitude.

Ces trois vertus fondamentales peuvent aussi s'interpréter comme un rapport indissociable et harmonieux entre « Concevoir », «Pouvoir», et « Savoir ».

« Trois la dirigent » C'est ainsi que le vénérable maître et les surveillants, sont chacun particulièrement responsables de l'une de ces colonnes et colonnettes correspondantes. Petite précision, il y a entre ces trois « relais de lumière » un cumul de responsabilités. En effet, Le second surveillant est chargé d'une colonne, le 1er surveillant de deux colonnes et le VM de toutes les 3. Les officiers sont au nombre de 9 pour seconder le VM dans sa mission, sachant que le VM lui-même, ne doit pas être considéré comme un officier.

Le pavé mosaïque et le fil à plomb

Les carreaux noirs et blancs alternés du pavé mosaïque, le « binaire fondamental » représentent l'océan des passions qui agitent l'âme de l'homme, âme que l'on peut se représenter comme un frêle esquif navigant vers sa destinée. Si le miroir de notre initiation, nous a fait prendre conscience que nous ne sommes pas qui nous croyons être, seule l'introspection, symbolisée par le fil à plomb, nous permet de comprendre notre nature profonde, de percevoir nos défauts, afin de « rectifier et compléter son temple intérieur ». Ainsi, pour monter…il faut d'abord descendre

Même le plus expérimenté des maçons, ne doit jamais perdre de vue que l'on ne se libère jamais totalement des passions humaines, avant d'avoir rejoint l'Orient Éternel....

Le tableau de loge

Il est placé sur le pavé mosaïque, car il représente les outils et symboles nécessaires pour dépasser nos passions et instincts au sein de notre « chantier intime ». Le tableau de loge est également le rappel de l'architecture symbolique et sacrée d'une loge. Il est composé d'outils et symbole propre au grade courant de travail.

Rôle de la symbolique du centre de la loge.

Les trois grandes lumières, ainsi que le pavé mosaïque et le fil à plomb, constituent une symbolique constitutive, nous permettant de « visualiser et de prendre conscience » de manière permanente, des grands principes, des grands dangers, des grandes vertus et des grandes espérances associés à la condition humaine, et permettant aussi son dépassement.

La symbolique propre au grade d'apprenti.

la pierre brute, le maillet et le ciseau,

Ces trois symbole et outils représentent ensemble, le premier chantier que le Franc-maçon doit initier. La pierre brute représente notre temple intérieur, et ses imperfections, dans son état profane initial. Cette « pierre » devra être « rectifiée », donc « taillée », de manière concrète au moyen de deux outils :

- Le maillet de la « volonté agissante et persévérante »,

- et le ciseau du « discernement » porté par le faisceau des résolutions et des vertus. (on ne doit pas aggraver les creux, mais éliminer les bosses de la pierre brute)

Ces trois symbole et outils se trouvent au nord-est, sur la première marche de l'orient…. Symbole du premier travail d'un Franc maçon.

La pierre cubique,

Bien mieux taillée, le temple intérieur du Franc-Maçon, partiellement rebâti, se trouve quant à elle sur la seconde marche de l'orient, coté sud, et représente le but à atteindre par l'apprenti, ainsi que le point de départ du compagnon.

Ainsi en loge, tout est symbole !

J'ai dit !

Signification, éclairage et organisation des colonnes

La colonne du nord (ou du septentrion),

Elle est éclairée par la lune, astre qui reçoit la lumière (l'enseignement)

Elle est symbolisée par l'équerre, sur l'autel des serments.

Elle porte les notions d'action, de matérialité, de détermination et de volonté.

Cette colonne horizontale, formée d'apprentis, est associée au pilier (colonnette) « force ». trois officiers sont particulièrement chargés de la mise en œuvre de principes associés directement à cette vertu :

Le secrétaire, pour « la mémoire » de la loge, il est une sorte de « journal officiel » permettant de retracer la vie de la loge et les engagements collectifs qui sont pris, afin que nul ne puisse travestir ultérieurement quelque fait que ce soit. Son bijou est la plume, figurant ainsi les écrits.

Le trésorier, pour « les moyens matériels » de la loge, Il est le seul à gérer « les métaux ». Il est aussi le seul à être élu par la loge, et non désigné comme les autres officiers. Son bijou est deux clés croisées, figurant l'accès au coffre des métaux.

Le premier surveillant, pour « l'action » de la loge, au sens précis de « mise en œuvre » et de « réalisation concrète » du chantier symbolique. Contrairement à ce qui peut être affirmé, en aucun cas le 1er surveillant ne remplace le VM en cas d'absence de ce dernier, à moins d'être lui-même un ancien VM ou VM en fonction. Son bijou est « le niveau », l'accès à la seconde dimension maçonnique , « L'exploration des savoirs » et la « rencontre de l'autre »

La colonne du sud (ou du midi),

Elle est éclairée par le soleil, astre émettant la lumière (l'enseignement)

Elle est symbolisée par le compas, sur l'autel des serments.

Elle porte les notions de valeurs, de raison, de spiritualité, d'amour, de solidarité.

Cette colonne horizontale et formée de compagnons, et est associée au pilier (Colonnette) « beauté »

3 officiers sont particulièrement chargés de la mise en œuvre de principes directement associés à cette « essence » :

L'orateur, pour « la tradition » Il est en quelque sorte le conseil constitutionnel de la loge, il veille a la parfaite régularité des travaux de loge et des votes : du stricte point de vue de la tradition et des usages maçonniques. Son bijou est « un livre ouvert », Pour la « tradition séculaire héritée et qui doit être préservée » La « tradition » peut se décliner en deux concepts fondamentaux et complémentaires: les « lois du compas » ou « valeurs maçonniques » matérialisées par la vieille règle en douze points et les « lois de l'équerre » ou règlements organisationnels régissant « l'ordre matériel » de la loge et de l'obédience, incluant la régularité des procédures de vote et des « attaches ». Une erreur fréquemment commise lui attribue la charge du respect rituélique .... Ce qui est du ressort exclusif de l'expert.

L'hospitalier, pour « la fraternité », du point de vue de l'équerre, l'hospitalier met en œuvre la solidarité matérielle entre les frères de la loge. Du point de vue du compas, sa mission est d'apporter son écoute et sa compassion a tout frère en souffrance. Son bijou est « une bourse », figurant notamment la charité et l'entraide

Le second surveillant, pour « la transmission ». Il est chargé de la formation des « nouvelles pierres » ou nouveaux initiés. Cette tache est fondamentale puisque un mauvais apprenti fera un mauvais maître, puis un mauvais officier, et donc un mauvais VM. Ainsi, la transmission maçonnique exige que tout soit « juste et parfait » dès le tout début. La chaîne d'union entre frères d'un même espace, est ainsi à mettre en parallèle avec la « chaîne d'union » temporelle, qui garantissent la pérennité de l'édifice ainsi entrepris sur le chantier de symbolique de l'ordre maçonnique universel et intemporel, par autant de générations successives. Son bijou est un « fil à plomb », symbole de l'introspection, première tache sur la voie du perfectionnement individuel : se connaître soi-même.

La colonne centrale de l'Orient,

Elle est éclairée par le delta rayonnant,

Elle est symbolisée par le volume de la loi sacrée, sur l'autel des serments.

Elle porte la notion de sagesse, notion complexe qui s'exprime de double manière.

- **Du point de vue de l'équerre** … elle représente la juste gouvernance entre les nécessites matérielles de la loge et les obligations spirituelles de celle-ci. Son symbole est le Maillet du VM.

- **Du point de vue du compas**, la sagesse est aussi une juste gouvernance que chacun doit appliquer « en soi » et en amour, entre ses actes et sa conscience. Son symbole est l'épée Flamboyante du VM.

Dans les deux cas, il s'agit d'un équilibre permanent et délicat, obtenu par un « arbitrage fusionnel » entre toutes forces binaires… pour atteindre la sagesse du ternaire.

Cette colonne est invisible parce qu'elle ne représente pas, à proprement parler, une colonne distincte, mais celle qui résulte de la somme fusionnelle des deux autres. Il s'agit ici du principe en vertu duquel, « le tout » est supérieur à la somme de ses parties. (1+1=3 …. Comme pour un couple qui possède, en tant que tel, des caractéristiques propres pouvant être distinctes de ses parties constituantes !).

Cette colonne invisible est néanmoins associée à un pilier (Colonnette) distinct : celui de la « sagesse ». La sagesse est ici à considérer comme « la juste gouvernance », aussi bien de la loge que de soi-même. Cette juste gouvernance correspond à un équilibre entre les moyens matériels et les moyens spirituels, utilisés avec discernement et équité. Cette colonne est associée aux Maîtres, qui peuvent à leur gré prendre siège indifféremment sur l'une ou l'autre colonne. Les Maîtres du chantier étant à la disposition de tous, même dépourvu d'une charge d'officier.

Le vénérable maître est seul chargé de « l'égrégore », c'est-à-dire de la « mise en musique » du tout, permettant ainsi d'obtenir une « harmonieuse entité psychique collective ». Il est le représentant terrestre du grand architecte de l'univers et de sa volonté (le verbe), au travers du roi Salomon, qu'il représente et dont il siège sur sa chaire. Son bijou est l'équerre asymétrique, ou « demi carré long » et symbolise l'équité et le maintien des équilibres fragiles et des arbitrages permanents entre les forces « binaires » de toutes nature. Le VM dispose de trois officiers, dits « mobiles », sous ses ordres directs, et qui agissent en son nom sur l'ensemble de la loge, puisque le VM ne peut se déplacer.

Le couvreur, pour « la protection » de la loge. Il représente en quelque sorte « l'armée défensive » de la loge. Il est chargé de la protection et de la sécurité des frères contre toutes intrusions extérieures. Il fut une époque ou ce fut réellement le cas, et les baudriers des maîtres supportaient à l'époque une épée, afin d'assister le couvreur. Son bijou est une épée pointe en bas, qui signifie « protection des frères »

L'expert, pour « la ritualité et la discipline», autrefois appelé « Frère terrible ». Il est « le bras régulier de la loge » tant pour la définition de l'espace et du temps sacralisés (dessin et effacement du tableau de loge), que pour la mise en application correcte des travaux et des cérémonies rituéliques. Il est chargé de veiller à la qualité maçonnique de toute personne entrant en loge. Il peut intervenir et agir, pour sa mission, sans aucune autorisation préalable du Vénérable Maître, et en dernier recours, si quelque chose de fondamental avait pu échapper aux surveillants ou au VM lui-même. Son bijou est un croisement entre une épée « pointe en bas » et une règle, avec un œil entre les deux. Ceci signifie : « Vigilance et application de la règle ». Remarque : L'expert est aussi le seul à pouvoir se déplacer sinistrosum, s'il considère le chemin plus approprié.

Le MDC, pour « le lien ». Il est le seul moyen de communiquer entre officiers. Il procède aux entrées et sorties des invités comme des frères de la loge. Il assiste l'expert dans les cérémonies rituéliques Son bijou est deux cannes croisée avec une épée au centre. Ceci signifie « accompagnement et mise en œuvre du rite avec rigeur »

Plateaux et épées

Les officiers de la colonne centrale disposent tous d'une <u>épée</u> orientée vers le bas , symbole de « la mise en œuvre ».

Le vénérable maître, quant a lui, est seul détenteur de l'épée flamboyante, épée orientée vers le haut Cette épée figure le concept « d'inspiration Divine », et souvent très incorrectement définie comme « pouvoir spirituel ».

En effet, le VM, au sein de l'espace sacré, n'est pas un « gourou », ni par ailleurs un « despote ».

Le VM est la représentation terrestre du GADLU, duquel il puise son inspiration, et qu'il a le devoir de réémettre dans toute la loge, il s'agit ici de « son devoir »

Le VM est aussi l'expression de « l'entité psychique collective ». Il dirige les travaux bien moins « en ordonnant » qu' « en induisant ». Si l'apprenti, pratique le silence comme vertu d'apprentissage, le VM l'exerce ainsi à nouveau afin « d'induire » le talent de ses Frères, en les laissant s'exprimer et oeuvrer le plus possible : car « Seul : il n'est rien, et ne peut rien » ! Il s'agit donc ici de « son pouvoir ». Il est, en fait, le « chef d'Orchestre, qui se doit de valoriser le talent de ses « musiciens ».

C'est pour ceci que l'on dit principalement de lui qu'il « dirige les travaux et éclaire la loge ». (nb : éclairer dans les sens d'inspiration et de pédagogie auprès des frères)

Le VM est donc ce « point de focalisation et de convergence » des deux mondes spirituel et terrestre, permettant l'apparition d'une « égrégore », appelée aussi « communion », au sens parfaitement fusionnel du terme, et entre les frères de la loge.

C'est pour cela, comme dit plus haut, qu'il possède deux attributs associés à sa charge : Le maillet, à sa droite, concernant ses « devoir matériels », et l'épée flamboyante, à sa gauche, côté cœur, quant à ses « devoirs spirituels », Un peu à la manière des pharaons Égyptiens avec la crosse et le fléau.

Mis à part le VM qui possède les deux, les officiers des colonnes possèdent un « plateau », alors que ceux associés à la colonne centrale, possèdent une « épée », lesquelles étant toutes représentées « vers le bas », sur leurs bijoux d'officier, et figurant, comme déjà dit, le concept « d'exécution », ou « d'application »... c'est-à-dire de « mise en œuvre ».

NB : même si l'épée du MDC ne figure que sur son bijou, il devrait en théorie en porter une au côté : l'épée du messager !

Charges traditionnelles

Traditionnellement, certaines charges sont en principe réservées à d'anciens VM, compte tenu du caractère « vital » de leurs charges.

- **L'orateur**, pour sa connaissance parfaite de la tradition maçonnique,

- **L'expert**, pour sa connaissance parfaite des rituels maçonniques,

- **Le couvreur**, pour la sécurité physique des frères de la loge

La loge en action » est un équilibre obtenu par le croisement et la complémentarité des « pouvoirs » et des « devoirs » assumés individuellement mais au service de la collectivité.

Le ternaire : complémentarité des pouvoirs et des devoirs.

Le principe initial a enfanté la dualité, le binaire, lequel conduit au ternaire, donc à la « sagesse », par complémentarité. Pour que le « ternaire » puisse apparaître, il faut que chaque élément du binaire en porte en lui « les germes » de son opposé, faute de quoi … il s'agirait alors de deux mondes hermétiques, aussi miscibles que l'huile et le vinaigre. Ceci, à l'instar du célèbre symbole taoiste de la tache de couleur opposée au sein même de chaque principe dynamique.

Ainsi, l'hospitalier dont la place naturelle, de part ses fonctions, devrait être sur la colonne du midi est au final placé sur celle du nord ; afin que la matérialité ne soit pas totalement livrée à elle-même, et soit ainsi emprunte de bienveillance.

En pure symétrie, le trésorier est placé sur la colonne du midi, afin que celle-ci ne soit pas totalement « déconnectée » du nécessaire pragmatisme qu'elle se doit de faire montre.

Concernant les surveillants :

Le second surveillant, est l'émanation spirituelle de la colonne du midi et symbolisé par le pilier (Colonnette) beauté. Il est chargé de la formation des Frères Apprentis de la colonne du nord.

Le premier surveillant est quant à lui l'émanation spirituelle de la colonne du nord, qui est symbolisé par le pilier (Colonnette) « force ». Il est chargé de la formation spirituelle des Frères compagnons siégeant au midi.

Ainsi, la loge représente symboliquement un corps matériel guidé par son âme, et une âme à l'écoute de son corps. Le poète latin Juvénal disait : « *Mens sana in corpore sano* » ... c'est-à-dire : une âme saine dans un corps sain.

Ce « croisement » des pouvoirs et des devoirs, nous rappelle aussi celui des nerfs de notre corps, qui aboutissent tout à la fois de manière symétrique et croisée au sein de nos hémisphères cérébraux. Notre cerveau doit en effet, traiter simultanément les données de notre environnement, mais sur des plans différents. Il le fait de manière duale mais complémentaire : Logiquement et Émotionnellement, Analytique tout autant qu'empirique.

Les charges matérielles sont ainsi les « pouvoirs » et les charges spirituelles, les « devoirs ». Partout dans la loge, « le matériel » et le « spirituel » sont différentiés mais complémentaires et fusionnels pour former « la sagesse ».

Ces concepts sont aussi à rapprocher de « l'être achevé » qui pourrait être la parfaite fusion des sensibilités masculines et féminines. Ne dit-on pas « sa moitie » en parlant de son « âme sœur » ?

NB : Seul le MDC devrait ne pas être sous la direction du 1er surveillant mais du VM, et être assis, face a l'expert, en tête de la colonne du midi. (Ceci n'est qu'une opinion personnelle).

J'ai dit !

La « Loge de Salomon » un modèle social et politique décrit par l'arbre Séphirotique ?

Le titre de cette planche peut paraître surprenant. En effet quoi de commun entre «l'arbre Séphirotique», un des piliers de la Kabbale, expliquant les divers degrés de propagation de la lumière divine, et une Loge Maçonnique ?

Je suis pour ma part persuadé que ce symbole, n'avait pas à l'origine, la signification religieuse et hermétique qu'on lui prête aujourd'hui.

Ceci, n'est bien sur qu'une simple hypothèse de ma part et n'engage que moi. Je pense donc que « l'arbre Séphirotique » était en réalité la représentation du premier « plan de loge » conçu peut-être par le roi Salomon lui-même. La première planche tracée représentant un modèle basique et harmonieux de vie en société, et peut-être même de gouvernement.

Enfin, si je parle ici de politique, c'est bien évidemment dans le sens philosophique du terme et non dans un sens partisan ... cela va de soi.

Les origines de la civilisation urbaine.

Jusque vers 4.000 ans avant JC, les hommes fonctionnaient sous une forme assez simple. Ils étaient essentiellement des chasseurs-cueilleurs, des nomades, subsistant du fruit de leurs conquêtes et de ce qu'ils croisaient sur leur chemin. Leur mental était assez simple : Je vois, je convoite, je prends ! (Certains groupes humains actuels, mais de taille anecdotique, fonctionnent d'ailleurs encore ainsi)

Vers 4.000 ans avant JC, il s'est produit un phénomène assez inexplicable qui changea brutalement le mode de vie des hommes. La civilisation de Sumer apparut et l'homme commença à se « civiliser ». En quelques siècles à peine, Il se mit à Bâtir pour durer, et à « anticiper » pour ne plus subir (notamment les caprices de la nature).

Il s'organisa et se sédentarisa. Il créa des villes et rationalisa son habitat. Il construisit des canaux d'irrigation et se mit à cultiver plutôt que de cueillir. Il se mit à élever plutôt que de chasser, il conçu l'écriture pour transmettre ses connaissances et se dota enfin de lois pour organiser la vie en collectivité. ....

Personne ne peut encore aujourd'hui expliquer réellement cet étonnant et si soudain bouleversement dans l'histoire de l'humanité. La première civilisation occidentale urbaine, celle de Sumer, vécu donc entre 3.800 ans et 1.800 avant JC.

Abraham était un Sumérien, vivant à Ur, et dont il fut certainement un des sages et savants de cette époque. A la chute de Sumer, vers 1850 avant JC, lui, et un petit groupe de ses amis, refusèrent probablement de tomber sous la domination des Akkadiens de Sargon (Babylone), et décidèrent d'émigrer vers l'ouest. Ce petit groupe arriva quelques années plus tard en

Palestine aux environs d'Hébron. Ce peuple, de ce fait, fut par la suite appelé : les « hébreux ».

Vers 1.650 avant JC, joseph et une partie de son peuple partirent en Egypte pour échapper à la famine. Ils y restèrent près de deux siècles. Dans un premier temps en « amis » mais, dans un second temps, en « esclaves ». Moise fut leur libérateur et ramena cette partie de son peuple en terre de Palestine, après « une longue errance dans le désert ». (Peut-être d'ailleurs, l'expulsion des Hyksôs (hébreux d'origine et ayant phagocyté le delta du nil)

Ce n'est qu'aux alentours de 1.400 avant JC, que le peuple Hébreux retrouve enfin sa « terre promise » et s'y établit plus durablement.

Le Roi Salomon : héritier de Sumer et de l'Égypte

Vers 900 Avant JC, commença le règne du légendaire roi Salomon qui, avec l'assistance de ses proches et de sages conseillers, décida de construire une société durable, sur la base des connaissances et de la sagesse de Sumer et de l'Égypte réunis. Salomon et son peuple étaient en effet, de par leur histoire, les héritiers culturels directs de ces deux civilisations. Les hébreux, nomades et au temple de toile itinérant, souhaita bâtir un temple de pierre pour Yahweh.

Salomon était probablement persuadé que l'avenir de l'humanité passait par une organisation forte mais équitable, par opposition au système tribal basé exclusivement sur la force brutale. Salomon pensait probablement que ce système dans lequel chacun devait avoir des droits, mais aussi des devoirs, était certainement le seul moyen d'assurer la transmission des connaissances et des richesses sur le long terme.

Ainsi naquit en somme : le « premier siècle des lumières ». Lumières de la connaissance : seules capables de vaincre efficacement les ténèbres de l'ignorance ; lesquels engendrent systématiquement la force brutale, la souffrance et la désolation.

Je suis persuadé donc, que la première « planche tracée » fut celle de Salomon, et qu'elle y représentait l'organisation schématique de la société idéale qu'il imaginait.

Il est probable que Salomon ait eu une vision « cellulaire » de cette société, c'est-à-dire que si un petit groupe d'hommes pouvait vivre harmonieusement selon des préceptes et des lois simples, plusieurs groupes de même nature pourraient en faire autant entre eux, et ainsi de suite à une échelle sans cesse plus grande....voire à l'échelle de son Royaume.

Il est probable aussi qu'il ait eu une vision pragmatique de ces « cellules de vie » en faisant de ces Loges, de véritables centres de formation au sein desquels spiritualité et techniques de métier devaient être indissociablement liées, afin de: « *faire dans un but, et avoir un but pour faire*».

En effet, pour réaliser la construction de grandes cités et monu-ments, il est impératif :

- D'organiser le travail par métiers, et de le subdiviser en tâches élémentaires ,

- De coordonner les travaux pour permettre à des centaines d'ouvrier de travailler simultanément sans se gêner,

- De transmettre la connaissance auprès d'hommes quasiment analphabètes à cette époque,

- Et enfin d'insuffler les motivations individuelles nécessaires à l'achèvement de travaux très longs.

Tout ceci représentait des enjeux considérables ainsi qu'un véritable défi pour l'époque.

Encore une fois, je suis convaincu que l'« Arbre Séfirotique », ne représente pas, une quelconque explication de mystères divins, mais exprime une représentation schématique de l'un des tout premiers modèles sociaux jamais imaginés. Un « arbre de vie » oui, mais de vie en société, avec équilibre et contrôle des pouvoirs, dans l'intérêt collectif et au bénéfice de chacun.

Il est fort probable que la construction du temple par Salomon fut une mise en œuvre concrète de ces principes, probablement déjà utilisés à Sumer et en Égypte, en particulier lors de la construction des grandes pyramides.

Nos loges d'aujourd'hui sont les filles de cette très lointaine inspiration et fonctionnent toujours aujourd'hui, selon les principes fondateurs posés par Salomon. Bien sur, il faut garder à l'esprit que les loges de cette époque étaient plutôt opératives et non totalement spéculatives. La spiritualité était alors induit par le comportement plus que d'une quelconque « philosophie » et « rites ».

Ainsi, la symbolique prenait ici tout son sens, tel un « mémo » de ce que le compagnon ou le Maître enseignait. Si l'ouvrier ne savait pas lire, il savait reconnaître un symbole et le sens qui l'accompagnait !

La loge est conçue comme une « unité de vie en groupe et de progrès individuels » plaçons donc le décor mes frères, et imaginons la pensée philosophique et politique du roi Salomon.

Les 3 grands principes fondateurs :

Premier grand principe : L'univers n'est pas le fruit du hasard, mais de la volonté d'une conscience supérieure en dehors de l'entendement humain: C'est « le grand architecte de l'univers » : créateur de toutes choses.

Le second grand principe est celui du Roi : Véritable lien entre le « grand architecte de l'univers » et les créatures à qui il a offert la capacité même de l'imaginer. Le Roi terrestre comme relai de l'action du Roi du ciel. Ce principe est symbolisé par « La chaire, ou trône, du roi Salomon ».

Le troisième grand principe: est la loge qui réunit les hommes au sein d'une enceinte protectrice, et leur prodigue: paix, sérénité et joie. De ce point de vue cela ressemble énormément au confort sécurisant du ventre maternel.

La loge peut être en effet perçue comme la matrice d'un homme nouveau, car on y entre profane, ignorant, puis on y renaît dans la lumière et l'amour, pour devenir enfin un homme de connaissances et de bienveillance.

Cet homme qui sera alors prêt à fonder une nouvelle « Loge » et répéter ainsi ce modèle vertueux. L'enceinte de la loge est symbolisée par la houppe dentelée et la loge elle-même représente le « royaume terrestre ».

Les forces qui gouvernent le royaume terrestre :

A l'intérieur de la loge, à l'orient, sont représentées les 3 grandes forces, qui gouvernent les hommes : les colonnes :

- La matérialisme et l'ignorance qu'elle implique, symbolisés par la lune, le principe de « recevoir ». Ce principe, en loge, n'est que temporaire, et l'apprenti s'en exonèrera en ne recevant pas des biens mais la lumière du savoir.

- La spiritualité et le savoir qu'elle induit, symbolisés par le soleil, le principe de « donner ». Le compagnon donne ainsi son savoir, et sa solidarité aux apprentis, et ce faisant, se dirige vers la verticalité de la sagesse.

- La sagesse enfin, symbolisant avant tout la conscience et l'équité, représentée par le roi Salomon au travers du Vénérable Maître. De par sa position centrale, le Vénérable Maître symbolise également la notion du « libre arbitre » de l'homme entre toutes ces forces et sentiments.

A partir de ce constat, apparaissent trois sortes d'hommes, chacun ayant la possibilité de s'affranchir de ses aliénations et de progresser vers la lumière.

- <u>La première colonne :</u>

  - Elle s'appelle « B » et représente symboliquement « l'action et les moyens matériels », donc la concrétisation des objectifs.

  - Elle est éclairée par la colonnette « Force ». La « force » signifiait jadis « l'énergie », donc l'action.

  - La colonne « B » est associée à l'équerre et représente le « bras droit et agissant de Salomon », ou son maillet.

- <u>La seconde colonne :</u>

  - Elle s'appelle « J » et représente « L'esprit, le savoir et la solidarité » donc, les valeurs morales

  - Elle est éclairée par la colonnette « beauté ». La « Beauté » signifiait jadis quelque chose comme :

« l'impalpable mais nécessaire », et tels que l'harmonie, la pensée, l'esthétisme, les valeurs morales, les sentiments d'amour et solidarité, le savoir. Bref, tout ce qui donne un sens aux actions.

○ La colonne « J » est associée au compas. Elle représente le « bras du cœur de Salomon », ou à son épée flamboyante.

● <u>La troisième colonne</u> :

○ Elle représente l'axe de « Gouvernance », c'est la colonne du Roi Salomon lui-même, celle de sa pensée et de sa volonté.

○ Elle est éclairée par la colonnette « Sagesse ». La sagesse dans le sens grec, signifiait l'art habile et subtil de gouverner avec fermeté et compassion, dans l'équilibre harmonieux de l'esprit, des lois, de la volonté du peuple, et de la sauvegarde du bien commun. Dans le sens hébreux, ou indien, il signifie « la mémoire des anciens ». C'est un concept fort, associant puissance, bienveillance et traditions. C'est enfin l'art de la justice et de l'arbitrage. (les célèbres « jugements de Salomon » en sont une illustration forte.

○ Cette colonne est associée au volume de la loi sacrée, émanation de la volonté du grand architecte de l'univers et retranscrite dans un langage d'homme.

Je suis convaincu qu'il existe dans chaque loge, une quatrième colonne, invisible aux yeux des hommes et qui n'est pas de ce monde. Elle est éclairée par une quatrième colonnette tout aussi invisible à nos yeux.

Cette colonne et cette colonnette représentent l'Orient éternel, l'universalité et l'intemporalité de l'ordre Maçonnique. Le grand architecte de l'univers lui-même, toujours présent parmi les hommes, et aux côtés du Roi Salomon, donc du Vénérable Maître. Cette quatrième colonne pourrait donc être la quête ultime du Franc-maçon, qu'il découvrira lors de son passage à l'Orient Éternel.

La loge du monde des hommes, est ainsi construite sur trois piliers, issus de ces trois grandes lumières, et les frères s'y repartissent. La société maçonnique alors se constitue, s'organise. Les rôles et les tâches s'y distribuent.

Disposition des frères sur les colonnes ?

Les apprentis sont placés sur le deuxième rang de la colonne « B » car ils viennent de sortir des ténèbres profanes et se trouvent encore dans la pénombre. Ils sont faiblement éclairés car encore attachés à leurs métaux et à la matière. Ils apprennent à « vaincre leurs passions » et à se connaître eux-même par le silence et l'introspection.

Les compagnons se disposent sur le deuxième rang de la colonne « J ». Ils apprennent à ouvrir leurs esprits et leurs cœurs. Ils apprennent les vertus de la compassion, de la bienveillance et du travail. Ils se préparent ainsi à « œuvrer utilement »

Quant aux maîtres, ils se repartissent au premier rang de l'une ou l'autre colonne, car le premier rang de l'une ou l'autre colonne symbolise en fait leur appartenance à la colonne du roi Salomon, celle de la « Sagesse », celle du discernement responsable. Ils éclairent ainsi les deux colonnes par leurs connaissances, leur humilité et leur sagesse

Les officiers de la loge, ont quant à eux une position symbolique selon la nature de leur charge. Notons que le Vénérable Maître et les surveillants, sont chacun responsable d'une de ces colonnes, ainsi que celle(s) qui lui sont inférieure(s).

Pourquoi les officiers sont-ils placés ainsi en loge ?

Dans cet exposé, vous remarquerez que certains officiers auront changé de colonne ou bien auront des rôles légèrement différents. Ceci est volontaire et compréhensible avec la philosophie globale de l'hypothèse que j'expose ici. Loin de moi, donc, toute idée de « réforme » ou de volonté « hérétique ».

Les officiers de la colonne « Sagesse », celle de la gouvernance, l'esprit de Salomon

Un Roi ne peut gouverner, et surtout maintenir son pouvoir, que s'il contrôle directement « l'armée » « la police » et « La communication », pour utiliser des termes profanes. Nous noterons en outre qu'un Roi exprime son pouvoir au travers du mouvement. C'est pour cela que les officiers rattachés à la colonne du roi sont les seuls officiers de la loge « réellement mobiles durant les tenues ». Mais revenons à notre colonne :

<u>Le Vénérable Maître</u> :

- Il se trouve à l'orient et préside la colonne « Sagesse »

- Il représente la source d'inspiration du GADLU, dont il est le messager parmi les hommes. Le Vénérable Maître est ainsi le lien entre le macrocosme et le microcosme, entre le grand Architecte de l'univers et les frères de la loge.

- Mais Il est aussi le représentant du roi Salomon et, à ce titre, responsable de la « gouvernance » de la loge, donc : du bien-être collectif, de la protection de la loge, de la justice et des arbitrages.

- La tache du Vénérable maître est lourde et délicate car, comme le disait Bergson, « Il doit penser en homme d'action mais agir en homme de pensée ».

- Dans l'arbre Séphirotique, il a la place de « 1. Kether – La couronne »

Le Maître des cérémonies :

Le Maître des cérémonies est chargé d'être le lien entre tous les autres officiers de la loge ainsi que de l'accueil et de l'accompagnement des frères ou néophytes. Il agit sur ordre du vénérable Maître, du 1er surveillant, ainsi que par lui-même. Il est le lien essentiel entre tous les rouages du système et assume principalement les fonctions de communication et d'apparat. Dans l'arbre Séphirotique il a la place de « 6. Tiphereth – La Beauté » car il est le symbole du mouvement et de l'apparence de la loge.

L'expert

Il représente la rigueur et le garant de la bonne application des règles et des usages. Il est en particulier « l'initiateur ». Notons aussi qu'il est armé et qu'il a donc mandat de défendre ces règles par tous moyens. Dans l'arbre Séphirotique il a la place de « 9. Iesod – Le fondement » car, sans règles, il n'y a pas de construction sociale durable possible.

Le Couvreur :

Il est chargé de la protection physique de la loge et de ses frères. Il est lui aussi « armé ». Ce n'est pas par hasard si ce poste, outre les raisons traditionnelles d'humilité, est confié au précédent Vénérable Maître. En effet, seul un Roi peut comprendre les problèmes d'un autre Roi. Seul celui qui a déjà gouverné possède l'expérience nécessaire pour défendre les siens avec discernement. Cela rappelle l'amitié forte entre le Roi Salomon et le Roi Hiram du Liban.

C'est aussi la fonction la plus stratégique pour assurer la continuité du pouvoir, et il est donc confié à un « membre de la famille royale ». Dans l'arbre Séphirotique, il est « 10. Malkout, « Le royaume », car sa mission est de protéger le royaume du Roi contre toutes attaques extérieures. (Notons que 10 n'est pas un chiffre, donc sacré, mais un nombre.. indiquant ainsi un contact possible avec le monde profane, par le retour au « 1 »)

Les officiers de la colonne « B », celle de la « L'action », le bras droit de Salomon.

Le Premier surveillant :

- Il se trouve à l'ouest, coté nord et préside la colonne « B » de l'action

- Il est en charge de seconder le vénérable et particulièrement concernant les aspects matériels et de l'action globale.

- Il est chargé de la formation spirituelle des compagnons et de les préparer à l'action maçonnique, donc à être « utiles » au grand œuvre.

- Dans l'arbre Séphirotique, il a la place de « 8. Hod – La gloire ». La gloire voulait dire jadis la « Puissance Respectable et Respectée».

<u>Le Secrétaire</u>, est en quelque sorte la « mémoire » des actes de la loge. C'est un peu le « notaire » et le « Journal officiel ». Il représente un progrès considérable dans l'exercice du pouvoir, car désormais, le Roi est comptable de sa gouvernance devant le peuple et face à l'histoire.

Le secrétaire permet de rappeler à quiconque: « tout ce qui a été dit ou fait », non seulement à destination des générations futures, mais aussi pour les contemporains qui pourraient êtres tentés de travestir les évènements à leur avantage.

Sur ce dernier point, ceci est d'ailleurs particulièrement utile en cas d'arbitrage et de litiges. Ce qui démontre que la justice de Salomon était une justice de « droit écrit », donc exceptionnel pour l'époque !

Notons au passage que le secrétaire peut être accessoirement un excellent outil de propagande pour le pouvoir qui sait s'en servir habilement. Dans l'arbre Séphirotique, il a la place de « 3. Binah – L'intelligence », car la mémoire et le sens de l'histoire sont assurément le pivot stratégique du pouvoir.

<u>Le trésorier</u>

Rien de particulier à dire sur cet officier, car sa fonction est bien comprise par tous. Dans l'arbre Séphirotique il a la place de « 5. Gebourah - La force », car, en effet, il n'y a pas d'objectifs envisageables ni d'actions possibles sans en avoir les moyens de les financer. C'est l'officier qui gère « les métaux ».

Les officiers de la colonne « J », celle de la « Spiritualité », le bras gauche, celui du cœur de Salomon

Le Second surveillant :

- Il se trouve au midi, à « midi plein » pour être précis, et préside la colonne « J », celle de l'esprit, du coeur et de la connaissance.

- Il est chargé de seconder le vénérable et personnellement chargé de l'éducation des apprentis. Il les aide à quitter définitivement le monde profane et les forme à l'utilisation de leurs nouveaux outils symboliques et à l'esprit maçonnique.

- Dans l'arbre Séphirotique, il a la place de « 7. Netsah « La Victoire ». En effet, seule l'éducation peut vaincre l'ignorance et donc la violence.

L'orateur

Cet officier est le garant du respect de la tradition, des us et coutumes, et de la volonté collective. Il a donc une triple mission :

- Garantir au peuple que le Roi respecte ses devoirs,

- Conseiller le Roi, afin qu'il ne s'éloigne pas de son peuple.

- Enfin, il contrôle la régularité des votes et des écrits officiels.

C'est ainsi, et avant la lettre, une double fonction de « sénat » et de « conseil constitutionnel ». On peut donc en déduire à ce stade, que le règne de Salomon était probablement une monarchie héréditaire absolue, mais populaire et participative : régime politique réellement révolutionnaire pour l'époque.Dans l'arbre Séphirotique, l'orateur est : « 2. Hohmah « La sagesse », sagesse au sens de la tradition veillant à la légitimité du pouvoir.

L'hospitalier

Cet officier se voit confier une mission stratégique : Le bien-être quotidien du peuple. Il est chargé de soutenir, d'écouter, de consoler et de venir en aide à chacun. C'est en quelque sorte l'assistance sociale.

En effet, comment un pouvoir pourrait-il se maintenir si le peuple souffre ? L'hospitalier est ainsi :

- la partie visible de la bienveillance et de l'amour du roi pour son peuple, représentant directement le Cœur de Salomon.
- la partie visible de l'amour fraternel, en organisant la solidarité entre les frères, donc entre les sujets du roi.

L'hospitalier assure ainsi la motivation des frères, notamment face à l'effort, et participe aussi de ce fait à la pérennité du pouvoir du Roi. On pourra observer ici que le mot « frère » aura certainement été préféré par Salomon à celui de sujet, non pas dans un but démagogique, mais afin d'induire une notion d'égalité entre tous. Les prémisses d'un concept Républicain en somme !

Dans l'arbre Séphirotique, l'hospitalier est placé en « 4. Hessed « La grâce », Grâce ayant jadis une signification plus proche des mots: « Bonté », « Secours », « Générosité » et « Don ».

Et si la loge de Salomon était aussi un système de gouvernance ?

Ce régime, peut-être celui du roi Salomon, est tout à fait original car pouvant être qualifié comme une monarchie héréditaire absolue mais populaire et participative. En effet, dans ce système, le pouvoir du roi est absolu sur l'essentiel lui permettant de maintenir son autorité (Diplomatie, Armée, Police, Justice et Communications), mais participatif pour tout ce qui concerne les affaires courantes et le bien-être de son peuple.

Notons tout de même que « le Sénat » et « l'administration » sont tout de même « logés » au palais (ils sont places a l'Orient avec le Vénérable Maître): Salomon était ainsi en avance de 2.000 ans sur Versailles et louis XIV en somme !! !

En conclusion mes frères ....

L'arbre des Séphirot est-il la description d'un modèle social et politique avant-gardiste pour l'époque ? Je vous en laisse seuls juges mes frères, mais je le crois.

Ce type de monarchie a survécu, plus ou moins, à Salomon, jusqu'à l'époque de l'empire Romain, et je pense que leurs dirigeants ont très bien pu le percevoir comme politiquement dangereux pour eux à terme, car c'était une monarchie de « devoirs divins » et non du « droit de la force », et que dans ce régime, si le souverain disposait de tous les pouvoirs pour agir et s'y maintenir , il ne pouvait le faire au détriment de son propre peuple.

Certes les nombreuses révoltes armées des hébreux ont jouée leur rôle, mais c'est probablement pour cette raison que les romains décidèrent de détruire ce régime, pour éviter que ces idées ne se propagent dans l'empire et fassent école. Ils décidèrent donc de détruire un système et non seulement « un temple ». En effet, pour quelle autre raison les Romains auraient-ils rasé un temple et, en créant des martyres, renforcer à terme la foi et l'opposition contre eux ?

Voilà mes frères, mais tout ceci n'est qu'une histoire, une simple hypothèse qui n'a d'autre but que d'avoir amusé ou intrigué vos esprits. Je tiens à remercier ici, le Roi Salomon de sa tolérance à mon égard, pour m'être autorisé ainsi à parler en son nom.

J'ai dit !

Autour du Symbolisme

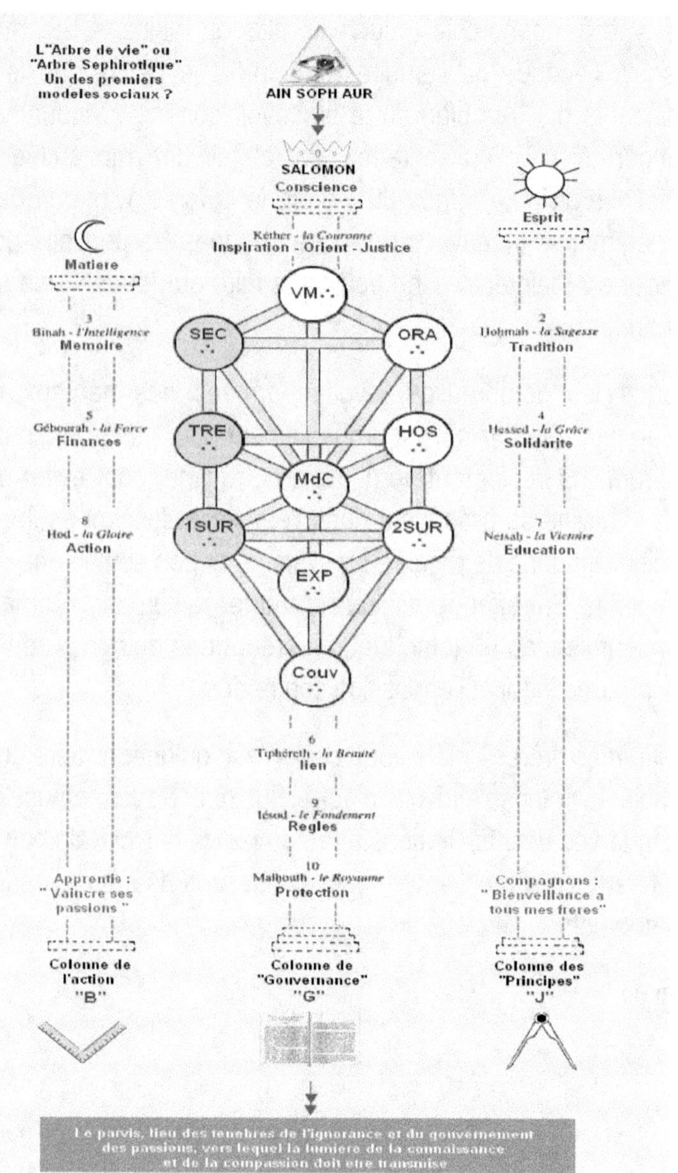

79

Autour de la Spiritualité

La Sagesse

La sagesse, ce vaste sujet qui devrait normalement me conduire à ne même pas l'aborder, par souci d'humilité, tellement son champ est immense. En effet comment définir le rêve de perfection ? et comment définir l'inaccessible ? Comment ?

Il apparaît, qu'à travers le temps, la Sagesse a une relation étroite avec le désir de perfectionnement, dans l'espoir d'entrouvrir le voile qui nous cache les mystères de la création.

Il est toutefois certain que tel est le but de tout Franc-maçon, et l'ordre auquel il appartient, a construit une méthode pour tenter d'y parvenir.

Le premier pas vers la sagesse, c'est de reconnaître son ignorance. Ainsi il faut au profane beaucoup d'humilité et d'ouverture d'esprit, pour chercher le temple, de courage et de détermination pour frapper à la porte, et d'espérance pour demander la lumière.

La maçonnerie se propose en effet de conduire l'homme à se construire à partir des matériaux qu'il a en lui. Il progresse ainsi en achevant son temple intérieur. Il y trouvera sa véritable nature en y découvrant autant les imperfections inavouées de son être, que les talents qu'il ignorait lui-même. C'est le sens de « Vitriol », ou du « Connais-toi toi-même, et tu connaîtra l'univers et les dieux », célèbre phrase inscrite sur le frontispice du temple de Delphes et attribuée à Socrate..

Avant d'entreprendre, quoi que ce soit, il importe donc de savoir ce que nous sommes, et ce dont nous sommes réellement capables. Alors qu'un bon ouvrier sera utile à la collectivité, un mauvais usage des outils pourront le rendre dangereux pour ses semblables.

La sagesse conduit ainsi l'individu à se réconcilier tout d'abord avec lui-même, préalable obligatoire avant qu'il ne puisse accéder à la bienveillance et à l'empathie envers quiconque.

Le sage est celui qui progresse par et pour lui-même. Il est alors en mesure de faire progresser ses frères et ses proches, par sa bienveillance, son désintéressement et son savoir.

Le sage aura ainsi toujours à cœur la recherche de l'harmonie, de la simplicité, de de l'équité. Il rayonnera par son exemplarité, et produira autour de lui : paix, sérénité, et espérance.

La Sagesse est une ascèse, car c'est un combat permanent, en soi:

- Celui de l'amour contre la haine,
- Celui de l'espérance contre la résignation,
- Celui du courage contre la soumission,
- Celui de la liberté contre la tyrannie,

- Celui de la générosité contre l'avidité,
- Celui de la compassion contre le mépris,
- Celui de l'empathie contre l'égocentrisme,
- Celui du Pardon contre la rancœur,
- Celui de la Bienveillance contre le jugement,
- Celui de la Connaissance contre l'ignorance,
- Celui du désintéressement contre le calcul sournois,
- Celui de la Discipline contre la facilité,
- Celui du Travail contre la paresse.

En outre, il sera solidaire et aidera son prochain, même et surtout s'il lui en coûte. Il transmettra ce qu'il aura bien compris. Il favorisera la diversité issue du Divin, plutôt que la division issue du malin.

La sagesse c'est aussi de comprendre que le monde extérieur, n'est que le reflet de la projection de son monde intérieur. Il faut donc être intimement convaincu :

- Que l'on ne peut aimer autrui sans s'aimer un peu soi-même,
- Que l'on l'on ne peut respecter quiconque sans se respecter soi-même,
- Que l'on ne peut aider son frère sans s'être aidé soi-même,
- Que l'on ne peut exiger d'autrui ce que l'on refuserait soi-même.

La sagesse est le fruit de la connaissance par les savoirs et leur expérimentation. Elle est aussi la résultante du discernement, de la persévérance, et de l'assimilation positive des échecs.

Elle génère alors un comportement avisé en toute situation, conduit par la modestie, la tempérance, la disponibilité, la bienveillante, et la transmission aux autres de ce qui aura été appris. C'est par ailleurs la définition même du Maître Maçon idéalisé, et de l'homme accompli.

Baudelaire disait très justement que « *La sagesse consiste bien plus à espérer qu'à maudire* ». En effet, l'espérance est, en soi, un désir de bonheur, alors que la rancœur n'est qu'un enfermement dans une perpétuelle frustration, sans cesse remâchée.

Cherbuliez, disait en ce sens, que la sagesse consiste à jouir pleinement des bonheurs qui nous arrivent, sans jamais regretter ceux qui nous échappent. Ainsi, si la sagesse ne conduit pas au bonheur, sans doute conduit-elle à l'absence de souffrances intérieures, et à la sérénité de l'âme.

La Franc-maçonnerie se définit comme une « école de vie », qu'elle nomme sagesse. Ainsi, après l'initiation du profane, une méthode se met en œuvre:

- L'apprenti devra se taire pour apprendre, et apprendre pour savoir. Il apprendra tout d'abord à se connaître lui-même, il cultivera les vertus majeures. Il apprendra l'honneur du serment et le sens du secret. Il apprendra la persévérance et l'assiduité.

- Le compagnon quant à lui, devra « savoir » pour réaliser, réaliser et expérimenter pour bâtir. Il devra voyager pour s'imprégner d'autres points de vue. Ainsi il constituera ses connaissances et aidera ses jeunes frères apprentis, en mettant en œuvre avec eux les vertus précédemment apprises.

- Le maître, enfin, placera tous ses acquis au service de ses devoirs les plus sacrés: aimer et protéger ses frères, animer sa loge, et bien sûr, transmettre ses connaissances.

Quant au VM, symbolisé par la colonnette « Sagesse », il préside aux travaux parce qu'il ne peut y avoir de réalisation, « ornée » ou non, sans une conception initiale, ainsi qu'une capacité d'adaptation du plan en chemin, et une grande justesse dans le maintien des équilibres fragiles au sein d'une loge. Il est l'intercesseur entre ses frères, et, entre ceux-ci et le très haut.

La sagesse ne s'exhibe pas, elle est discrète, intérieure, elle s'adresse autant au cœur qu'à l'intellect, et réconcilie les personnes au même titre que les peuples, à la seule condition de réciprocité. Elle œuvre en faveur de la concorde et recherche en permanence les conditions de l'harmonie.

La sagesse, comme la qualité même « de Franc-maçon », ne se revendique pas. Elle rayonne par l'exemplarité, et apparaîtra ainsi dans le regard des autres, qui alors, la reconnaîtront pour telle.

La sagesse est le comportement idéalisé de l'homme accompli. Accompli et flamboyant, quand bien même il ne serait jamais achevé.

Je conclurai par ce poème du Frère Rudyard Kipling, lui-même Franc-Maçon, qui illustre merveilleusement ce qu'un tel homme représente, non seulement en termes de Sagesse de vie, mais aussi de Force morale, et de Beauté par l'exemplarité qu'il rayonnera autour de lui.

« Si tu peux voir détruit l'ouvrage de ta vie
Et sans dire un seul mot te mettre à rebâtir,
Ou perdre en un seul coup le gain de cent parties
Sans un geste et sans un soupir ;

Si tu peux être amant sans être fou d'amour,
Si tu peux être fort sans cesser d'être tendre,
Et, te sentant haï, sans haïr à ton tour,
Pourtant lutter et te défendre ;

Si tu peux supporter d'entendre tes paroles
Travesties par des gueux pour exciter des sots,
Et d'entendre mentir sur toi leurs bouches folles
Sans mentir toi-même d'un mot ;

Si tu peux rester digne en étant populaire,
Si tu peux rester peuple en conseillant les rois,
Et si tu peux aimer tous tes amis en frère,
Sans qu'aucun d'eux soit tout pour toi ;

Si tu sais méditer, observer et connaître,
Sans jamais devenir sceptique ou destructeur,
Rêver, mais sans laisser ton rêve être ton maître,
Penser sans n'être qu'un penseur ;

Si tu peux être dur sans jamais être en rage,
Si tu peux être brave et jamais imprudent,
Si tu sais être bon, si tu sais être sage,
Sans être moral ni pédant ;

Si tu peux rencontrer Triomphe après Défaite
Et recevoir ces deux menteurs d'un même front,
Si tu peux conserver ton courage et ta tête
Quand tous les autres les perdront,

Alors les Rois, les Dieux, la Chance et la Victoire
Seront à tout jamais tes esclaves soumis,

Et, ce qui vaut mieux que les Rois et la Gloire
Tu seras un homme, mon fils. »

J'ai dit !

Bienveillance à tous mes frères

« Vaincre ses passions », à tout le moins, les dominer, est la mission première des apprentis. Ils décident ainsi de mourir au monde profane des passions, des peurs et des préjugés.

Ils s'éloignent ainsi des fausses qualités dont ils s'étaient parés, et découvrent aussi, en eux-même, des potentiels et talents insoupçonnés. Après cela, vient l'étape suivante : pratiquer la « Bienveillance ».

Étymologiquement, Bienveillance vient du latin « Bene Volens », c'est-à-dire : « qui veut le bien ». (le terme Bénévole en est d'ailleurs une des acceptions). Il faut également garder à l'esprit l'ambiguïté du terme. Pour les matérialistes, le «bien» sera une possession, alors que pour les autres, il représentera un don ou une action désintéressée. Le même mot cachant, de manière presque cynique, deux sens diamétralement opposés ; car si l'un « prend », l'autre « donne », illustrant l'éternelle dualité entre les verbes « être » et « avoir ». Mais .. nous y reviendrons plus loin.

La Bienveillance est la conséquence d'un état d'esprit, état d'esprit qui ne peut apparaître, que si l'on a préalablement répondu à la question suivante : « Qu'est-ce que le bien, et pourquoi le faire ? »

Le « bien », au plan de l'espèce, pourrait simplement se résumer par : « ce qui est bon pour la survie du groupe ». La pollution de notre écosystème nourricier serait, pour un tel système, le crime le plus grave. Dans le nôtre, il est acceptable, du fait qu'il fournit du travail aux pères, quitte à ce que leurs enfants en meurent.

Apparemment, l'homme est bien trop paradoxal et individualiste pour avoir développé une « conscience d'espèce », chose que tous les autres animaux possèdent par ailleurs. Mais il est vrai que l'homme possède bien d'autres qualités à défaut d'avoir un prédateur qui les uniraient.

Le « Bien » du point de vue civilisateur, représente quant à lui, « tout ce qui n'est pas défini comme mal ». C'est précisément l'objet des lois. Ce système, non exhaustif, permet aux gouvernants de gérer les peuples, au travers d'un minimum de règles communes. Certes, certains hommes seront plus éclairés que d'autres, et respecteront les lois davantage dans l'esprit que dans le texte.

Cette vision « légaliste » du Bien, offre aussi l'avantage d'éviter au maximum, les cas de conscience pouvant survenir chez les individus. « C'est la loi ! dit-on pour rassurer une conscience qui doute »

En définitive, les lois, bien que nécessaires, ne sont pas un « Bien », au sens idéal du terme, mais plutôt « un moindre mal ». Elles ne suffisent pas, en tant que telles, pour permettre à un homme d'accorder, en toutes circonstances, la totalité de ses actes à sa conscience.

Non, le bien n'est pas la résultante d'une recette sociétale, mais celle de la volonté d'esprits libérés des dogmes et de l'égo. Mais commençons par le début, par ceux qui cèdent à la facilité.

Nous savons que le gouvernement des passions conduit à convoiter ce que l'on ne mérite pas, et que cette possession se révèle au final illusoire et temporaire. Le fruit de la convoitise, redeviendra en effet convoité. Or ce type d'appropriation s'effectue le plus souvent au travers de violences ou de tromperies de toutes natures, souvent justifiées par le fameux : « la fin justifie les moyens ».

Dans ce cas, réussir sa vie est fonctions de ce que l'on possède. Beaucoup trouvent cela très « bien », et l'appelle même une « réussite »,

Une civilisation ne peut perdurer sur le long terme, en se basant à grande échelle sur la loi du plus fort, du plus retord, ou encore du plus avide. Une telle société ne construit pas son avenir par « strates » successives de connaissances et de bien-être, mais au contraire, ne cesse de substituer des arbitraires à d'autres arbitraires, dans un climat global de perpétuelle instabilité.

Dans la « logique du prendre », plus le temps passe, plus la frustration et la méfiance augmentent et moins il restera à prendre, à ceux qui progressivement se méfieront de plus en plus.

En outre, l'excès d'impostures conduit à l'incompétence généralisée et donc à la sclérose. Dans ce type de société : personne n'y trouve durablement son compte, et on peut donc considérer cela comme « le mal » pour l'homme.

A ce stade, nous avons défini que le « bien » ne pouvait être réduit à des modes de vies ou à des lois. Nous avons vu aussi que le « mal basique », basé sur la promotion des bas instincts de l'homme, le conduit à terme à son malheur et à sa perte.

Alors que reste t-il comme idée du bien et de son utilité ?

Une civilisation, en effet, ne peut s'avérer durable que par « la mémoire » et « la transmission », donc, par l'histoire et l'éducation. Ce n'est pas par hasard que ces deux disciplines soient le cauchemar des tyrans, et des piliers des sociétés initiatiques et spirituelles.

Face à la logique « du prendre », dont nous avons vu, qu'elle appauvrit au final, il y a la logique du « don » qui enrichit. En effet, ce que l'on donne, nous sera plus tard rendu et de manière amplifiée.

L'amour, au sens du partage et de la solidarité, est un moyen efficace d'intégrer et de cimenter entre elles les pierres vivantes.

Ainsi, le « Don » est une spirale vertueuse qui enrichit avec le temps, alors que la logique du « prendre » appauvrit sur une période bien plus courte.

Mais ici aussi, l'Amour et le don ne suffisent pas non plus à définir de manière absolue le Bien et le mal, car l'un comme l'autre, peuvent prendre des formes paradoxales, que l'on appelle parfois « cas de conscience »

Oter la vie, par exemple, n'est pas admissible par la société. Mais cela s'avère parfois un acte de profonde charité pour éviter à autrui d'inutiles et atroces souffrances…Est-ce un Mal dans ce cas ?

Si le comte Stauffenberg en 1943 avait réussi son attentat contre Hitler, préservant ainsi l'existence de plusieurs millions d'êtres humains. N'aurait-il pas fait un acte de Bien ? N'aurait-il pas été considéré comme une sorte d'archange Michel à cette époque ?

Inversement, lorsqu'un huissier, appliquant la loi froidement, et dans le texte, jette à la rue une mère de famille et ses trois enfants … fait-il réellement le Bien ?

Enfin, lorsqu'un tétraplégique est condamné à regarder le plafond de sa chambre, pendant quarante ans, sans même pouvoir chasser la mouche qui se pose sur son nez, et ceci au nom d'une morale religieuse, d'une éthique dépassée, ou même cyniquement, en vertu d'un « marché de fin de vie » : faisons-nous le « Bien » ?

« Faire le bien » n'est donc pas aussi simple qu'il y parait, car la Bienveillance implique de notre part un « jugement » de ce qui est réellement bénéfique à autrui. Juger implique aussi une grande capacité de discernement entre le réel et l'illusoire, et une grande sagesse faite de raison, de modération et surtout, d'oubli de son égo. Le Grand architecte de l'Univers a doté l'homme d'une conscience et d'un libre-arbitre, ce serait alors lui faire injure que de rester enfermé dans des lois humaines.

Pour être pleinement souverain de ses actes, et n'être soumis qu'à sa conscience pour agir, le Franc-maçon doit être « légitime » bien plus que « légaliste », en espérant toutefois que les deux convergent.

Le franc-maçon idéalisé, est un « chevalier de lumière ». Il applique à son être, et adopte comme tuteur de ses actes... le ternaire de préceptes suivant :

- par le libre arbitre dont je suis doté, ...
- je développe ma conscience morale, ...
- qui se traduira par plus de bonheur apporté

Se libérer de tous dogmes et aliénations de l'esprit, afin que les potentiels, dont nous a doté l'être suprême, puissent participer au grand œuvre. N'est-ce pas d'ailleurs le sens profond de : « né libre et de bonnes mœurs », c'est à dire doté d'un esprit non soumis, qui nous appartient en propre, et seul référent de nos actes » ?

Je voudrais citer ici une phrase de Henri Bergson, un philosophe français du 20eme siècle, et que je trouve très appropriées pour définir l'homme libre qui apprend et agit avec sagesse : « *Penser en homme d'action, mais agir en homme de pensée* »

C'est parce que l'homme est consubstantiel à son créateur, qu'il se trouve doté d'un libre-arbitre, de sentiments et de raison. Ce ternaire étant l'écho des 3 grandes lumières qui résonnent ainsi en chaque initié.

La Bienveillance est au cœur du chemin maçonnique. Elle s'inscrit dans une logique de progression qui y conduit, puis qui en sera plus tard la source. Rappelons-nous encore une fois notre chemin maçonnique dans cette perspective :

L'apprenti : Enlève le bandeau de ses peurs et de ses passions. Il découvre sa nature profonde, pour mieux percevoir la réalité du monde. Il travaille sur la pierre brute de son âme, par le ciseau de son discernement et le maillet de sa volonté. Il voyage en lui-même au sein de son « temple intérieur ». L'apprenti exercera sa bienveillance envers lui-même.

Le compagnon : Maîtrise les outils et son esprit est libre. Il participe au chantier de l'humanité. Il glorifie le travail, le courage, le dépassement de soi. Il témoigne solidarité et compassion envers ses frères. Il voyage au dehors, dans le « temple de l'humanité ». Il exerce sa bienveillance envers autrui.

Le Maître : Apporte la lumière sur les parvis pour transmettre l'héritage à de nouveaux frères. Il exerce sa bienveillance envers l'ordre maçonnique universel et intemporel. Il permet ainsi la survivance temporelle et spirituelle d'une foi tournée autant vers l'homme que vers son créateur. A la fin de sa vie, il rejoindra l'Orient éternel et voyagera dans le temple céleste.

En conclusion, mes frères, la franc-maçonnerie est une sorte « d'école de magistrature intime » pour les hommes qui apprennent à agir en « cohérence avec eux-mêmes » et en « bienveillance envers autrui ».

La bienveillance c'est donc agir à chaque instant en son âme et conscience, afin de déterminer si les conséquences de nos actes sont profitables ou nuisible à notre environnement humain comme naturel, si les conséquences de nos actes apportent plus d'harmonie que de troubles.

En purifiant notre conscience par l'abandon du bandeau de nos passions et de notre égoïsme, nous voyons mieux, nous discernons mieux, nous jugeons mieux, nous agissons mieux, pour nous, comme pour nos frères, Nous éclairons le chemin autant pour nous-même, que pour autrui.

Alors, mes frères, il n'existe aucune recette miracle qui vous dira ce que vous devez faire pour être bienveillant, car seule votre conscience, au plus profond de vous-même, est la lumière qui éclairera vos actes afin que « Bienveillants », vos frères vous reconnaissent comme tel !   J'ai dit !

La signification du secret

Au tout début de son chemin vers la lumière, le Franc-maçon prête une obligation solennelle de secret. Obligation qu'il renouvellera par la suite, en fin de chaque tenue. Contrairement à ce que pense le profane, le secret maçonnique ne consiste pas à cacher quelque trésor fabuleux ou connaissances extra-ordinaires. Encore moins à cacher l'existence de quelques pratiques magiques que ce soit.

Le secret était jadis pratiqué par les maçons opératifs. Ils conservaient ainsi leurs « avantages concurrentiels », en protégeant leurs « savoir-faire ». Les secrets de jadis jouaient en quelque sorte le rôle des brevets industriels d'aujourd'hui.

Le secret est une discipline que le Franc-maçon s'impose. Il exerce son mental pour mériter la confiance que ses frères lui témoignent. Il nourrit l'estime minimale qu'il doit avoir de lui.

La Franc maçonnerie est une tradition essentiellement orale et expérimentaliste. Le Franc-maçon évoluera ainsi, marche par marche et sans confusions, sur l'escalier de sa progression. Il recevra la connaissance par ses frères et avec le secours de son propre entendement. Le secret est enfin dicté par d'évidentes raisons de sécurité. En effet, et de toute époque, ceux œuvrent pour éclairer leurs semblables, sont souvent considérés comme des menaces par leurs dirigeants.

L'ignorance est ainsi la meilleure amie du pouvoir. La pratique du secret n'est pas anodine. De nombreux Francs-maçons perdirent la vie dans des camps de concentration nazis. Nombreux aussi furent les Francs-maçons excommuniés de leurs églises.

Aujourd'hui, le Franc-maçon doit encore se protéger, et protéger ses frères, de nombreux préjugés, calomnies et manipulations de toutes sortes.

Quant à la trahison, le parjure se trahit en fait bien plus qu'il ne trahit ses frères. Il est celui qui « crache face au vent ». Le parjure s'exclue lui-même du respect, de la confiance et de l'amour de ses frères. Le chemin de l'homme libre et de bonnes mœurs ne peut en aucun cas s'accommoder de la trahison.

Dès lors qu'il trahit, le parjure est terrassé au pied de l'orient, (là même où il débuta son premier travail d'apprenti, durant sa cérémonie de réception), et cesse alors son chemin initiatique. Il quitte la chaîne d'union. Il meurt au monde sacré pour retourner au monde profane et renaître ainsi à ses passions.

N'oublions jamais mes frères que nous avons préféré avoir la gorge coupée plutôt que de manquer à notre serment ! Un Franc-maçon considérera toujours préférable de mourir en homme libre que de survivre en esclave, ou en parjure. Le Franc-maçon, vêtu de sa dignité, préfèrera ainsi « *jeûner avec les aigles que de picorer avec les poulets* ».

Nous vivons actuellement une époque dite de transparence, dans laquelle rien ne doit être caché, sans attirer aussitôt la suspicion, aux prétextes douteux d'information ou de sécurité. En outre, les médias tendent de plus en plus à banaliser la trahison et la délation sous toutes ses formes, au point de presque l'ériger en vertu.

Protéger le secret, revient à protéger sa liberté, comme celle d'autrui. Protéger le secret, c'est aussi protéger l'intimité et la pudeur de chacun.

Sans l'espérer, il n'est pas exclu qu'un jour, le secret ne redevienne le seul moyen de survie, pour des hommes « libres et de bonnes mœurs ».

J'ai dit !

La tolérance

D'une manière générale, la Franc-maçonnerie est une pratique vivante qui s'inscrit dans le présent de toute époque. Elle fut, elle est, et elle sera encore. La Franc-maçonnerie a pour but d'éclairer le cœur de chacun d'entre nous, afin que nous puissions rayonner et transmettre cette lumière sur le parvis.

L'action du Franc-maçon est toujours guidée par des principes et des symboles qui ne souffrent d'aucune ambiguïté, ni d'aucune déviances interprétatives. Malheureusement, certains concepts ont la fâcheuse tendance à glisser dans les esprits, comme une anguille nous glisserait entre les doigts. A notre époque, c'est typiquement le cas concernant la « tolérance ».

La tolérance est un mot à la mode, et très souvent utilisé comme une sorte de « joker intellectuel ». Pour un Franc-maçon, elle représente l'un des fondements essentiels de la voie maçonnique car : La tolérance est une vertu de l'âme qui consiste à ne pas rejeter instinctivement ce qui ne nous convient pas. C'est un exercice actif de l'esprit, qui refuse ainsi les préjugés, et qui jugera à l'aulne de son entendement, et de son libre-arbitre, tout en s'exprimant avec une « bienveillance critique ».

La tolérance, permet aux hommes de ne pas s'enfermer dans des systèmes de pensées sclérosants, et ainsi, de s'enrichir pour évoluer. La tolérance offre à la raison, le temps et la possibilité d'analyser ce qui est « nouveau » ou encore « différent ».

La tolérance enfin, comme le respect, ne peut valablement exister que si elle est réciproque. La tolérance est aussi un exercice d'empathie, permettant de se « mettre à la place de l'autre ».

Mais attention : si la tolérance consiste à réprimer toute forme de « rejet à priori », elle n'est pas davantage une acceptation béate ou une soumission inconditionnelle et aliénante.

En effet, la tolérance n'est pas le fruit de la naïveté, ni celui de l'instrumentalisation. La tolérance n'implique pas la permissivité, ou toutes formes de passivité de la conscience.

A l'instar de la culpabilisation ou de la peur, la tolérance est très souvent instrumentalisée par certaines minorités. Ces méthodes leur permettant d'accéder à un niveau d'influence sans rapport avec leur représentativité réelle, La tolérance peut être aussi utilisée pour arracher massivement les consentements, ou encore pour justifier de manière intellectuelle, un immobilisme avéré. En outre, nous remarquerons que ceux qui prêchent « la tolérance » avec le plus d'assiduité, sont souvent les derniers à l'appliquer pour eux-mêmes.

Mes frères, restons vigilants. Rappelons-nous le pavé mosaïque de nos passions et des extrêmes. La tolérance doit être avant tout : le fruit de la conscience individuelle et du libre

consentement, et non celui d'une quelconque instrumentalisation ou inféodation à quiconque ou quoi que ce soit..

A la manière d'Ulysse, protégeons nos esprits du « chant des
sirènes », que celles-ci soient passionnelles, médiatiques ou
politiques. En loge, nous apprenons à respecter autrui en
commençant par nous respecter nous même. De la même
manière, nous apprenons la tolérance, par l'amour que nous
témoignons à nos frères, et donc au travers de la considé-
ration et de l'empathie qui s'y associent.

En définitive, mes frères :

« tolérer » c'est donner une chance à la différence, sans pour
autant l'admettre systématiquement, ni renoncer à son identité
propre, « tolérer » c'est donner la priorité à la raison sur les
passions, c'est agir avec modération , donc avec sagesse. De
la sorte, nous nous affirmons comme des hommes « libres et
de bonne mœurs », c'est à dire « Bienveillants et de libre
conscience »

J'ai dit !

Les 12 « commandements maçonniques »

Ces « douze commandements maçonniques » représentent le lien profond qui unit toutes les générations, depuis le premier Franc-maçon jusqu'à l'achèvement idéalisé du « grand édifice ». Elle s'inspire de l'ancienne « règle en douze points ».

1 - La Franc-maçonnerie est une fraternité initiatique qui a pour fondement traditionnel la foi en Dieu, Grand Architecte de l'Univers.

Comment l'homme pourrait-il considérer sérieusement sa condition comme la raison et le but de toute la création ?

Quel sens aurait le « sacré » si l'homme se vénérait lui-même ?

La franc-maçonnerie n'est pas un temple dédié à l'orgueil humain, il ne peut donc être dédié qu'au « principe supérieur ».

2 - La Franc-maçonnerie se réfère aux "Anciens Devoirs" et aux "Landmarks" de la Fraternité, notamment quant à l'absolu respect des traditions spécifiques de l'Ordre, essentielle à la régularité de sa juridiction.

La Franc-maçonnerie n'est pas une « invention », ni une « mode » Elle est héritière d'une tradition humaine qui remonte à la nuit des temps. Ici est donc fait le lien avec notre histoire.... Ce lien respectueux avec tous ceux qui nous ont précédés sur cette voie et qui ont rejoints l'orient éternel. Ici est affirme la continuité de l'œuvre.

3 - La Franc-maçonnerie est un Ordre auquel ne peuvent appartenir que des hommes libres et respectables, qui s'engagent à mettre en pratique un idéal de paix, d'amour et de fraternité.

Sinon cela s'appellerait un club, un parti, une secte ou encore une mafia. Je n'ose imaginer le type « d'exemplarité » produite en pareils cas ! Il est donc évident que la graine doit être saine dès le départ pour espérer ensemencer le monde !

4 - La Franc-maçonnerie vise ainsi, par le perfection-nement moral de ses membres, à celui de toute l'Huma-nité.

Il s'agit là d'un des principes de base de la méthode Maçon-nique. L'humanité étant un multiple de l'homme,. Si la « brique élémentaire » est solide, c'est ainsi tout le mur qui le sera, et donc l'édifice tout entier.

5 - La Franc-maçonnerie impose à tous ses membres la pratique exacte et scrupuleuse des rituels et du symbo-lisme, moyens d'accès à la connaissance par les voies spirituelles et initiatiques qui lui sont propres.

Si chaque pierre d'un mur, décidait d'être scellée exclusi-vement avec un ciment de sa propre formule, soit le mur serait inconstructible techniquement, soit il ne pourrait jamais avoir la cohérence globale qui lui permettant de tenir debout. Les rituels et la symbolique sont le ciment unissant tous les Francs-maçons en une fraternité homogène apte à être utile à l'humanité. En outre, il s'agit ici de notre trésor commun, car nos symboles sont comme des joyaux posés sur l'écrin de nos rituels.

6 - La Franc-maçonnerie impose à tous ses membres le respect des opinions et des croyances de chacun. Elle leur interdit en son sein toute discussion ou controverse politique ou religieuse. Elle est ainsi un centre permanent d'union fraternelle où règne une compréhension tolérante et une fructueuse harmonie entre des hommes qui, sans elles, seraient restés étrangers les uns aux autres.

Chaque pierre d'un mur ne ressemble à aucune autre. Chaque pierre représente la personnalité propre et respectable de chaque individu, et donc ce qu'il apporte en venant en loge.

La Franc-maçonnerie est par principe opposée à toutes formes de dogmes, qu'elle considère comme autant d'aliénation des esprits, y compris les partis politiques et les religions, tout en respectant ces derniers. Ceci est une aspiration à laquelle souscrira le maçon bien plus tard, mais que l'on ne peut lui imposer immédiatement, donc, le mieux pour tous, est encore de ne jamais en parler en loge.

En outre, la Franc-maçonnerie ne peut être ennemi de l'univers entier, elle se doit donc d'être la plus neutre possible vis à vis des pouvoirs profanes et religieux, non seulement pour sa propre sécurité, mais aussi pour ne pas être instrumentalisée par ces pouvoirs. Bref, éviter les guerres civiles mais aussi les crises de foi.

7 - Les Franc-maçons prennent leur obligation sur un Volume de la Loi Sacrée afin de donner au serment le caractère solennel et sacré indispensable à sa pérennité.

Nous avons vu plus haut que la Franc-maçonnerie régulière repose en premier lieu sur l'existence d'un principe supérieur, créateur de toutes choses. Il est donc évident que tout serment se doit d'être pris auprès de cette entité, représentée par le volume de la loi sacrée, sachant que les frères de la loge sont témoins de ces engagements.

8 - Les Franc-maçons s'assemblent, hors du monde profane, dans des loges où sont toujours exposées les trois grandes Lumières de l' ordre : un Volume de la Loi Sacrée, une Équerre et un Compas, pour y travailler selon le rite, avec zèle et assiduité, conformément aux principes et règles prescrits par les Constitutions de l'Obédience.

Les raisons et l'objectif à atteindre, pour la construction du grand édifice, ne doit jamais être perdu de vue par les frères d'une loge. Le but de notre quête collective pouvant se résumer ainsi : « *Maîtriser la matière au moyen de son esprit pour se rapprocher de l'être suprême au travers d'une meilleure connaissance de soi, permettant d'édifier de l'harmonie entre les hommes et en son nom* » Ce point est un complément du point précédant. Il évoque les « trois grandes lumières » qui représentent « la trinité maçonnique sacrée » et symbolisent des ternaires tels que :

- Le créateur, La création et La créature, ou

- Le Volume de la loi sacrée, l'équerre, et le compas, ou

- les Racines, l'Arbre et les Fruits maçonniques.

Les « trois grandes lumières » sont intemporelles et sont tout à la fois « l'alpha et l'oméga », c'est-à-dire la raison et le but.

9 - Les Franc-maçons ne doivent admettre dans leurs loges que des hommes majeurs, de réputation parfaite, des gens d'honneur, loyaux et discrets, dignes en tous points d'être leurs frères et aptes à reconnaître les bornes du domaine de l'homme et de l'infinie puissance de l'Éternel.

Ce point complète le point No 3 et annonce le point No 12. Il précise en fait les caractéristiques du « bon grain », mais introduit également la notion essentielle de fraternité dont il sera question au point No 12. La Franc-Maçonnerie n'est pas un club, mais une réunion de gens de vertu, cooptant ainsi d'autres gens aux vertu similaires.

10 - Les Franc-maçons cultivent dans leurs loges l'amour de la Patrie, la soumission aux lois et le respect des Auto-

rités constituées. Ils considèrent le travail comme le devoir primordial de l'être humain et l'honorent sous toutes ses formes.

Ce point n'est que pure précaution et sauvegarde collective. L'ordre maçonnique se présente clairement vis-à-vis des pouvoirs profanes, comme ne lui étant pas soumis, mais néanmoins composé d'hommes qui le respectent et lui obéissent. Si la Franc maçonnerie n'est pas l'amie des pouvoirs profanes elle ne pourrait survivre durablement, et persécutée frontalement, si perçue comme une institution rebelle composée d'insoumis. Si les Franc-maçons ont pour but de se perfectionner pour améliorer le monde, elle ne doit pas commencer par se faire des ennemis. Concernant le travail, le perfectionnement ne peut en aucun cas être la résultante exclusive de la pratique spirituelle. Le travail est donc présenté ici comme l'une des vertu importantes pour réaliser ce « grand édifice ».

11 - Les Franc-maçons contribuent, par leur exemplarité, et leur comportement sage, viril, et digne, au rayonnement de l'Ordre dans le respect du secret maçonnique.

Ce point rappelle que le Franc-maçon, homme en perfectionnement, se doit de « porter la lumière » auprès de ceux qui sont dans les ténèbres. Il doit en quelque sorte « porter la bonne parole » sur le parvis, auprès des profanes. Mais à ceci près que le Franc-maçon ne cherchera pas à convaincre pour « embrigader », il préfèrera « séduire par son exemplarité » et sa « force tranquille ». Il n'utilisera donc pas de mots, mais ses actes et son comportement parleront pour lui.

Dans ce sens, il fera rayonner les principes maçonniques sans jamais parler de maçonnerie, excepté ce qui lui est permis, s'il approche un candidat, et discuter avec lui de la présente règle en 12 points que tout parrain se doit d'étudier en détail avec un candidat, afin que ce dernier soit pleinement informé de la nature de l'Ordre auquel il adhérera ou non.

12 - Les Franc-maçons se doivent mutuellement, dans l'honneur, aide et protection fraternelle, même au péril de leur vie. Ils pratiquent l'art de conserver en toute circonstance le calme et l'équilibre indispensables à une parfaite maîtrise de soi.

Alexandre Dumas place une réplique célèbre dans la bouche des 3 mousquetaires…. « Un pour tous et tous pour un » ….

Ce point est essentiel car il sous entend :

- Qu'un homme véritable sait mourir pour des idéaux
- Qu'un homme véritable sait mourir pour ses frères
- Qu'un homme véritable est aimé par ses frères
- Qu'un homme véritable, comme le disait Henri Bergson : « pense en homme d'action et agit en homme de pensée » Il se montre donc capable de soumettre ses passions à sa raison.

Nous savons maintenant plus clairement d'où nous venons, qui nous prétendons devenir, quelles sont nos buts et les règles qui nous permettent de les atteindre.

Le chemin maçonnique commence par la foi envers le « principe supérieur » et nous conduit vers une meilleure connaissance de nous-mêmes. Cette rencontre avec notre vraie nature nous fera alors percevoir plus fortement encore la réalité du grand architecte de l'univers et de son œuvre.

Mais cette évolution des consciences ne peut être réalisée qu'au travers d'une fraternité d'hommes parfaitement unis, se protégeant les uns les autres. Une fraternité d'hommes soudés autour des mêmes règles et parlant le « même langage » Une fraternité persévérante dans sa volonté de se rapprocher de son créateur.

J'ai dit !

Cette planche a été initialement écrite pour l'accueil d'un nouvel initié, mais elle s'adresse également à tous les autres frères, qui se remémoreront ainsi ce moment particulier de leur vie maçonnique.

Pourquoi as-tu pris ce chemin mon frère ?

Mon frère, c'est avec le même Amour et les mêmes espérances qui sont les tiennes, que nous t'accueillons ici parmi nous. Tous les frères ici présents, se souviennent de ce moment émouvant, lors de leur renaissance à eux-mêmes. Ils se souviennent aussi du désarroi qu'ils ont ressenti face à l'immensité de la tâche à accomplir en eux, comme autour d'eux.

Ces frères te regardent aujourd'hui avec la même fraternité et la même bienveillance que celles dont ils ont bénéficié jadis, et c'est en leur nom que je m'adresse à toi.

Quels sont les buts profonds de la Franc-maçonnerie traditionnelle et symbolique ?

Le monde dans lequel nous vivons a plus que jamais besoin de lumière. Les ténèbres de l'ignorance et de la peur sont plus menaçantes que jamais contre la liberté et les vertus devant habiter le cœur des hommes. La lumière des Francs-maçons ne doit pas être comprise au sens mystique ou ésotérique, mais bien de manière symbolique, car tout est symbole dans une loge.

La lumière symbolise essentiellement la capacité d'un homme libre, à lutter contre son ignorance, génératrice de toutes les peurs, des guerres et des égoïsmes. La lumière est non seulement celle de la connaissance, mais aussi, et surtout, celle de l'Amour. Le Franc-maçon est ainsi un chevalier de lumière dont la mission, lorsqu'il sera Maître, est de propager la connaissance, les vertus, et la bienveillance dans le monde profane. Merci donc mon frère d'avoir rejoint notre combat honorable et séculaire :

1. de l'amour contre la haine,

2. de l'espérance contre la résignation,

3. de la liberté contre l'esclavage,

4. de la générosité contre l'avidité,

5. de la compassion contre le mépris,

6. de la maîtrise contre la peur,

7. et enfin celui de la connaissance contre l'ignorance.

Si notre démarche est symbolique, elle n'aurait aucune raison d'être sans sa mise en application concrète dans et au dehors de la loge. Celui qui reçoit la lumière a ainsi pour devoir de la transmettre à son tour.

Tu es maintenant parmi nous sur le chemin

Toi aussi tu as eu le courage de mourir à tes certitudes et à tes préjugés. Mourir pour renaître à toi-même, avec la même innocence et la même humilité qu'un nouveau-né, découvrant son nouvel univers. Les symboles jalonnent le chemin du franc-maçon et lui apportent repères et connaissances. Les symboles sont les joyaux de ton âme placés dans l'écrin de la loge. Ils sont ton trésor et ta richesse !

Te voici donc « Initié ». Cela ne signifie pas que tu seras détenteur de quelques secrets magiques, mais que tu as désormais commencé ta route, sur le chemin de la vraie connaissance. Et que ce chemin commence par la découverte de ta nature profonde. Ce chemin n'a pas de commencement ni de fin, il faut le croiser, puis le suivre. Il n'a pas d'autres signification que celle de se connaître et de se perfectionner soi-même, de vaincre ses errances et ses passions, de purifier son temple intérieur, et de soumettre sa volonté à ses devoirs d'homme responsable et bienveillant.

C'est à ce moment là que s'allumera ton flambeau intérieur, et celui-ci brillera toute ta vie sur ce chemin. Ton flambeau de Maître, qui se joindra alors aux nôtres, pour repousser les ténèbres assiégeant les parvis, car c'est le but de notre engagement maçonnique. L'homme qui progresse par et pour lui-même est alors en position de faire progresser ses frères et ses proches. Le premier signe visible de cette lumière intérieure, pour ton entourage, sera celui de ton exemplarité qui rayonnera autour de toi : paix, harmonie et bienveillance.

Qu'apprendras-tu sur ce chemin avant de rejoindre l'Orient éternel ?

Quelle belle destinée pour un homme, que de mourir à ses préjugés, peurs et passions, et ouvrir ainsi son esprit à l'amour de ses frères, et à la solidarité qu'on doit leur témoigner.

Tu rencontreras autant de maçons différents que tu es différent toi-même des autres, car au sein d'un même édifice, il n'y a jamais deux pierres identiques :

- Tu en connaîtras certains un peu simples, et d'autres trop intellectuels,

- Certains seront sobres et d'autres richement parés,

- Certains enfin te paraîtront tendres et d'autres bien rêches …

Car nous sommes tous l'image de la diversité humaine, mais rassemblés autour de la même volonté, de la même humilité et des mêmes buts. Tu comprendras alors que « l'autre » t'enrichira d'une manière différente de ce que tes préjugés initiaux auraient pu en penser, et que ce frère s'avèrera tout aussi valable que « Toi » !!.

Tu apprendras aussi que le monde extérieur n'est que le reflet de notre monde intérieur. Tu comprendras ainsi que :

- Tu ne peux aimer autrui, sans t'aimer toi-même !,

- Tu ne peux respecter autrui, sans te respecter toi-même !

- Tu ne peux aider autrui, sans t'aider toi-même !

Tu apprendras enfin que tu ne recevras jamais rien de durable sans donner avec un total désinterressement. De la même manière que l'on ne peut récolter le blé qui n'autait jamais été semé !

Quel bel apprentissage donc, que de maîtriser le champ de sa conscience et de l'orienter vers la transcendance et le contrôle de ses passions!

1. De pouvoir substituer le Pardon à la rancœur,

2. La Bienveillance au jugement.

3. De pouvoir aider son frère, même et surtout s'il nous en coûte

Car tous ces actes grandissent intérieurement l'être qui en est la source, et contribuent davantage encore à nourrir son flambeau intérieur. L'exemplarité du maçon éclaire ainsi le monde profane et montre à ces dernier le chemin vers la porte du temple. J'espère, Mon Frère, que ces quelques mots auront touché ton âme et trouveront un profond écho dans ton cœur.

Bon chemin et belle vie Maçonnique à toi Mon Frère

J'ai dit !

Tradition et « Landmarks »

De tous temps, l'homme tourna son regard vers le ciel et ressentit intuitivement qu'il était le fruit d'une œuvre dépassant son imagination. De tous temps il s'interrogea sur sa nature et le but de son existence.

Il y a environ 5.000 ans, se produisit un grand bouleversement culturel. Les hommes découvrirent de nouveaux concepts de vie. Ils abandonnèrent progressivement le mode de vie nomade des « chasseurs-cueilleurs », pour adopter celui d'une civilisation dite « urbaine ». Cette époque est connue sous le nom de civilisation de « Sumer ».

A partir de ce moment, les hommes se mirent alors à :

- coopérer pour se renforcer et se protéger,

- prévoir pour ne plus subir, (ennemis et aléas naturels)

- bâtir pour léguer,

- et enfin se remémorer leurs erreurs comme leurs œuvres.

C'est dans ce contexte et pour ces besoins que naquit l'écriture

Les hommes purent alors développer leur imaginaire, leur conscience collective et leur spiritualité. L'homme à partir de cette époque compris en effet qu'il existait un autre moyen que la simple reproduction, pour s'affranchir de la mort : Transmettre ses connaissances.

Durant 5.000 ans, l'écriture fut réservée à une élite de puissants et d'érudits. Mais durant tout ce temps, il s'est toujours trouvé des hommes pour éclairer et éduquer leurs semblables, sans que jamais leurs positions sociales n'entrent en ligne de compte.

Transmettre la connaissance, sans altération et sans contre-sens, auprès d'une humanité quasiment illettrée, était assurément une gageure. Les sages du passé ont alors imaginé une méthode simple et accessible au plus grand nombre : « le symbolisme ». Cette méthode consistait ainsi à associer étroitement des concepts avec les objets du quotidien.

Quoi de plus logique, par conséquent, que ce soient les outils de travail qui en devinrent les symboles les plus essentiels. :

- Ils représentent la capacité de l'homme à maîtriser la matière par son intelligence et le don créatif dont le « principe supérieur » les avait dotés.

- Ils représentent aussi sa capacité de bâtir et de s'affranchir de la mort, par la transmission des savoirs-faire.

Ce concept fondateur essentiel est ainsi représenté en loge, par le compas et l'équerre, s'exprimant au travers de la loi sacrée, Les 3 grandes lumières de notre tradition maçonnique représentent ainsi « l'alpha et l'oméga », c'est-à-dire la raison et le but, comme une seule et même chose. Quant au chemin, il s'agit naturellement du travail du maçon lui-même.

Longtemps donc, l'exercice spirituel de la « proto-maçonnerie », fut « opérative par nécessité ». Ce ne fut que vers 1.650 qu'elle se transformera alors en « tradition écrite », pour devenir également « spéculative », c'est à dire purement symbolique. D'ailleurs, ce fut « Mary's Chapel Lodge » qui marqua ce passage important.

De tous temps, l'objectif consista à former les hommes afin qu'ils s'épanouissent individuellement, tout en participant à la construction du grand édifice d'une l'humanité plus organisée et plus harmonieuse. Jadis donc, au travers du travail et des « métiers », et aujourd'hui au travers des cœurs et des consciences.

Tout ceci constitue l'essence même de notre tradition spirituelle en général, et de la Franc-maçonnerie en particulier, et ce, quelque soit les formes que cette dernière a pu emprunter pour arriver jusqu'à nous.

La franc-maçonnerie est donc une réunion d'hommes déterminés, qui unissent leurs forces au service d'un même projet, d'un même idéal. C'est un idéal d'hommes sur la voie du perfectionnement individuel, au service de l'humanité toute entière.

Mais qui dit projet dit objectifs. Et qui dit objectifs sous-entend un ensemble de règles clairement définies et parfaitement acceptées pour les atteindre. Ces règles sont ainsi totalement indissociables de l'objectif, car si on changeait les règles, cela reviendrait à changer d'objectif et donc de projet.

C'est pourquoi, la franc-maçonnerie est fondée sur l'acceptation inconditionnelle de ce que l'on appelle les « Landmarks » ou « anciens devoirs ».

Le mot anglais « Landmark » voulant dire littéralement « frontières ». Dans notre cas, on l'interprétera comme des limites morales et comportementales Ces règles furent initialement connues sous le nom de « constitutions d'Anderson », et rédigées vers 1723. Elles de nommèrent : la « règle en 12 points »

Ces règles définissent très précisément les critères qui font de la Franc-maçonnerie : un ordre initiatique de tradition. Une obédience est donc dite « régulière » parce qu'elle protège ces règles fondatrices séculaires, tout en agissant à travers elles. D'autres obédiences, non traditionnelles, se permettent de ne pas imposer l'être suprême comme condition initiale, et même s'iommicer dans les problèmes sociaux et politiques de la cité. Je ne reconnais pas ces « Frères » en cela, tout en les respectant et leur offrant ma pleine bienveillance.

A ce stade, il est très intéressant de se pencher sur le mythe de la tour de Babel. Ce mythe est censé représenter l'orgueil humain, que Dieu aurait détruit, en faisant soudainement parler aux hommes des langages différents, lesquels ne se comprenaient alors plus. Ils ne purent ainsi achever leur édifice.

Pour ma part je fais une interprétation différente et plus pragmatique de ce mythe. La tour représente la volonté séculaire de l'homme de s'élever, de comprendre sa nature et ses origines. Quant à l'expression « se mirent à parler des langues différentes », cela pourrait très bien signifier : « se mirent à désirer des choses différentes », ou encore « se mirent à créer chacun de leur côté, différentes règles, incompatibles entre elles »

En effet, si des hommes décident de s'unir autour d'un même but, mais qu'entre temps les règles initiales sont altérées, ou les objectifs modifiés, il s'ensuivra alors une telle « cacophonie organisationnelle », que le projet ne pouvant aboutir, sera interrompu.

La tour de Babel est un mythe qu'il nous faut garder à l'esprit, car, ici, comme dans la vie profane, il nous avertit des conséquences graves que peuvent avoir la remise en cause des traditions, des droits naturels, et de la morale commune. (ce qui se passe actuellement).

Les fondateurs de la Franc-maçonnerie moderne et spéculative, ont donc imaginé offrir à chacun la plus grande liberté possible, mais dans le respect de lois fondatrices absolument immuables.

Ici, nous pouvons également faire référence à un autre mythe, celui du jardin d'éden, dans lequel l'homme jouissait du plus grand bonheur, mais à condition de ne pas goûter du fruit de « l'arbre de la connaissance du bien et du mal ». Je pense que symboliquement, cet arbre et ses fruits représentent le libre arbitre de la conscience humaine et les implications issues des choix effectués. La prise de conscience est douloureuse, alors que l'innocence est bienheureuse.

Ce mythe du jardin d'éden nous montre que si chaque homme est totalement libre de ses choix, il doit être également responsable de leurs conséquences.

En définitive, mes frères, la franc-maçonnerie: on doit l'accepter telle quelle, ou ne pas y adhérer. Ce n'est pas une « démocratie », mais un « Ordre ». Si on y entre, c'est en connaissance de cause, pour y servir ses buts, et non pour la transformer. Certains rêvent de « transformer la Franc-maçonnerie », mais la plupart d'entre eux, n'ont probablement pas compris qu'il conviendrait de commencer ce « vaste chantier » par eux-mêmes.

La Fraternité maçonnique toute entière, ne pourrait pas changer ces « Landmarks » sans se détruire dans le même temps. Car comment pourrait-il alors exister de maçons sans maçonnerie ? Il est illusoire de penser que l'on peut toucher impunément aux fondations d'un édifice, sans modifier, dans le même temps, ses propriétés initiales, et donc la cohérence globale.

Altérer les Landmarks reviendrait au final à « scier la branche sur laquelle nous sommes assis ».

En conclusion, nous pouvons ainsi affirmer ici que seule LA tradition, c'est-à-dire l'application de règles immuables, permet d'atteindre les objectifs d'un projet si grand, qu'il doit être mis en œuvre sur des centaines de générations.

Mes frères, protégeons notre héritage séculaire, et affirmons aussi comme Pierre Dac, grand humoriste mais aussi grand Franc-maçon, que : « *Quand on passe les bornes, il n'y a plus de limites* » !

J'ai dit !

Vaincre ses passions

Après avoir réfléchi sur la « Caverne », puis sur le sens profond et vertueux du « secret », il nous faut maintenant compléter ce premier triptyque ; en abordant l'objectif essentiel d'un apprenti Franc-maçon : « S'introspecter pour vaincre ses passions »

Qu'est-ce que la passion ?

Au sens classique, la passion provient de « passif » et désigne tous les phénomènes par lesquels la volonté est passive, notamment par rapport aux impulsions du corps. Descartes disait que « l'on peut généralement nommer « passions », toutes les pensées qui apparaissent dans l'âme, sans être le fruit de la volonté, et donc, que tout ce qui n'est point action est passion.

Le plus noble et le plus difficile des combats de l'homme, consiste à lutter contre ses instincts pour développer sa raison. S'il y parvient, c'est aussi la plus belle de ses victoires.

L'égoïsme est la cause principale de toutes nos passions

C'est la source de tous les autres travers humains: la jalousie, la convoitise, la vanité. C'est l'égoïsme qui nous donne l'illusion du caractère exceptionnel de notre venue sur terre.

L'égoïsme c'est cette certitude instinctive et viscérale que « le monde nous attendait » et que, de ce fait, « tout nous est dû ». Le Marketing actuel dirait: « Parce que vous le valez bien » ! L'égoïsme est l'expression de l'amour de soi, et donc d'un culte rendu à sa propre personne.

Ceci revient alors à considérer que nous pourrions être notre propre lumière. Mais...

- Que peut-on voir du chemin en plaçant la bougie devant ses yeux ?

- Que peut-on entendre en croquant des biscottes ? .....

- Comment progresser sur le chemin de la sagesse : sans percevoir et ressentir ce qui nous environne ?

Se libérer de ses passions, conduit au véritable Amour

Le véritable amour est donc celui des autres. Il serait vain, en effet, de prétendre récolter sans avoir semé.

Le véritable Amour c'est agir de manière désintéressée. Contrairement aux apparences, le don enrichit. Si tout le monde donne, il y en aura beaucoup pour chacun, alors que si tout le monde prend, il ne restera rapidement plus rien pour personne.

Donner n'appauvrit donc pas car on investit dans le cœur d'autrui. On sème des graines d'amour qui grandiront dans leur cœur. Enfin, contrairement au « Prendre », le don n'as pas de limites.

En conclusion mes frères :

Si une étincelle divine vit effectivement en chacun de nous, le démon y réside aussi, car ceci est la résultante directe du libre-arbitre dont le Grand Architecte nous a doté.

- Vaincre ses passions consiste à détruire notre égoïsme primaire, détruire cette « bête », tapie au plus profond de nous, et qui nous empêche de progresser.

- Vaincre ses passions consiste à ne désirer que le juste fruit de ses efforts, et non de s'approprier ce que l'on ne mérite pas.

- Vaincre ses passions c'est être capable d'aimer ceux que l'on aime pas, ou ceux qui ne nous aiment pas.

- Vaincre ses passions c'est semer dans le cœur des autres, l'Amour que ces derniers nous rendrons plus fort encore .. ou pas .. mais semer tout de même !

Si la passion c'est subir la gouvernance de ses sens et de ses instincts, l'amour c'est au contraire agir à travers eux....

- Ici nous sommes sur la voie du cœur et de la raison.

- Ici nous ne sommes plus « passifs » mais « actifs ».

- Ici nous participons à l'édification du grand œuvre.

Ainsi, la loge nous offre la possibilité de comprendre: que le bonheur de chacun est l'affaire de tous, et que celui de tous est le devoir de chacun.

Enfin, sur le plan symbolique...

La perpendiculaire représente la première dimension de la conscience maçonnique : celle de l'introspection, afin de « se connaître soi-même ». L'introspection nous permet de prendre conscience de notre véritable nature qui est en fait cette fameuse « pierre cachée ». L'introspection nous permet de connaître nos défauts comme nos qualités, voire nos talents insoupçonnés.

La pierre brute représente ainsi notre esprit initial, et ses aspérités en figurent les défauts.

Grâce au ciseau de la morale et du discernement, indissociable du maillet de la volonté et de la persévérance, et au travers du faisceau de la morale et des résolutions, nous sommes alors capables de rectifier notre esprit, Nous « taillons notre pierre », afin qu'elle puisse s'intégrer dans le grand édifice, et bien sûr « en rapport avec sa destination », c'est à dire compte tenu de nos talents propres.

J'ai dit !

Vigilance et Devoirs du franc-Maçon

Mes très chers Frères, et plus particulièrement aux apprentis de cette loge, à qui j'ai eu le privilège d'apporter la lumière, et de las initier sur cet admirable chemin.

Le chantier du cœur et de l'esprit ne s'arrête jamais, mais il commence avec la cérémonie d'initiation. Cérémonie qui matérialise solennellement le passage du profane au sacré, c'est à dire du renoncement aux préjugés, et à la maîtrise des passions. Personne n'ayant jamais eu le pouvoir de naître, l'initié découvre qu'il lui est possible de renaître.

L'initié est ce cherchant qui plonge au sein de son temple intérieur. Il y chasse les fausses qualités dont il s'était paré, mais y découvre les vraies, dont il ignorait parfois l'existence. Ainsi, l'initié se sépare de sa propre imposture et se révèle dans la réalité de son être profond. Il découvre ainsi sa pierre cachée, brute au départ.

A partir de la découverte de cette vérité en soi, l'initié est prêt a comprendre celle d'autrui. Il est prêt pour édifier. Édifier au sens noble du terme, c'est à dire dessiner une architecture sacrée, celle d'un monde meilleur.

L'initié honore ainsi le grand architecte de l'univers, en étant capable de participer à l'achèvement du grand œuvre universel, et de se montrer digne des dons qui lui ont été départis.

Ainsi, le franc-maçon découvre que si la lune est éclairée par le soleil, c'est le grand architecte de l'univers qui éclaire les étoiles.

Le Franc-maçon découvre progressivement la véritable signification de l'amour. Cet amour qui n'est plus pour lui un fantasme individuel ou collectif, ou encore une dévotion de pure forme. Cet amour qui n'est plus un « joker spirituel », mais qui se définit au travers de très beaux et simples mots : « Partage » et « Solidarité », ce qui en produit un troisième : « Fraternité ».

Partager son manteau ou son pain. Partager les joies et les peines. Partager l'espérance ou la souffrance. Partager c'est aimer et vive versa. Le partage c'est la base essentielle de la fraternité. C'est pourquoi nous nous réunissons en loge, pour apprendre à aimer.

Notre loge, ce lieu qui offre la BEAUTE de chaque frère qui progresse dans sa connaissance intime et dans celle d'autrui. La FORCE de chaque frère prêt à protéger et participer en fonction de son savoir et de son expérience, la SAGESSE enfin d'un perpétuel progrès qui honore un héritage qui lui vient de très loin, tout en le transmettant à son tour, afin que d'autres puissent initier le même chemin.

La MISSION finale du Franc-maçon consistera à éclairer le parvis, repousser les ténèbres de l'ignorance et des peurs, par la seule puissance de sa bienveillance, conjuguée à l'exemplarité de ses comportements.

L'HONNEUR du Franc-Maçon, sera donc l'exercice actif de la vertu. Ainsi, il luttera de toutes ses forces : contre toutes les formes de tyrannies, d'oppression, et d'aliénation des esprits.

A ce stade, le Franc-maçon est réellement un homme libre et de bonnes mœurs. c'est à dire qu'il exerce ce don donné par son créateur et qui se nomme libre-arbitre. Il est un être courageux, vigilant, et son esprit discerne parfaitement entre l'illusion et la réalité. Cet homme n'est pas un homme parfait, ni un homme achevé, il est simplement un homme « accompli ».

Nous vivons une époque qui, contrairement aux apparences, trompeuses, est un monde de violences et de perversités rarement égalées dans l'histoire humaine.

Un monde qui met en esclavage des hommes qui se croient libres, ou qui soigne des hommes après les avoir rendus malades.

Un monde qui détruit son environnement et les espérances de son futur par l'adoration de nouvelles idoles telles que le profit, la facilité, l'imposture, la paresse, la couardise déguisée en tolérance, la destruction des cultures, et la permissivité présentée comme une évolution.

Un monde qui se permet de dire que la création Divine est imparfaite et qu'il peut l'améliorer !

Un monde qui renie la nature, la détruisant ou la « travestissant », au sens propre, laissant penser à nos enfants qu'un garçon peut être une fille et vice versa, car l'homme et la femme ne sont pas des créatures de Dieu, mais un choix « libre » de l'humain !

Nous sommes encore loin du paradis, et le Franc-maçon est plus que jamais nécessaire pour protéger les espérances à venir. Il n'y a en effet jamais de fatalités pour des hommes libres et de bonnes mœurs.

Chacun à son échelle et selon ses moyens, peut décider d'être libre, refuser de subir, se montrer fraternel et dénoncer les injustices, mais il faut cesser de le dire : « il faut le faire », surtout s'il en coûte, car les dons faciles ne sont pas des offrandes, mais de faux semblants, et comme le sage le dit « A vaincre sans péril, on triomphe sans gloire » !

Mes frères, le combat d'un franc-maçon est l'un de ces combats parmi les plus honorables, et c'est aussi le combat d'une vie ....

Soyons de ceux qui ne baissent pas les yeux en se rasant le matin. Soyons ces chevaliers du cœur, ces enfants de la lumière, ces braises de l'espérance qui couvent à jamais sous les cendres du renoncement et du désarroi.

J'ai dit !

135

Travaux au second degré

La Méthode Maçonnique

Le sujet est si vaste qu'il ne peut raisonnablement tenir dans l'esprit d'un seul maçon et je ne pourrais donc en effleurer que la teneur réelle. Je vais donc essayer de rester fidèle à la culture maçonnique en ne vous présentant pas une vision intellectuelle, ou autre compilation d'écrits sur ce thème, mais tenterai de vous faire partager ce que mon âme d'initié ressent profondément sur le sujet.

Il y a bien longtemps, personne ne sait réellement quand, certains hommes tournèrent leur regard vers le ciel et virent la lumière des luminaires célestes. A partir de ce moment, ils surent intuitivement qu'ils étaient le fruit de quelque chose de bien plus vaste, et se mirent à dessiner et représenter pour tenter de comprendre ce qui alors dépassait leur entendement. A cette époque, naquirent donc les concepts initiaux, qui allaient par la suite conduire l'humanité à repousser sans cesse ses limites et pouvant se résumer par: « *comprendre pour bâtir, et représenter pour transmettre* ».

Il y a quelques milliers d'années, d'autres hommes décidèrent de codifier, de répertorier et d'enseigner ces connaissances ainsi que les moyens de leur mise en œuvre, en créant des lieux appropriés. Ces lieux, probablement les ancêtres des loges d'aujourd'hui, fonctionnaient alors comme de véritables centres de formation au sein desquels spiritualité et techniques de métier étaient indissociables afin de: « *faire dans un but, avoir un but pour faire* ».

A l'époque de la construction des grandes pyramides, l'organisation du travail par « métiers », la subdivision des tâches, la coordination des travaux permettait à plusieurs milliers d'ouvrier de travailler simultanément sans se gêner, sans oublier la transmission de connaissances auprès d'humains analphabètes, représentaient des enjeux considérables ainsi qu'un véritable défi pour l'époque.

Au moyen-âge, les maçons opératifs du compagnonnage en étaient encore les héritiers directs lorsqu'ils entreprirent l'édification des grandes cathédrales, cathédrales que nous aurions bien du mal à reproduire de nos jours.

Enfin, au siècle des lumières (que je défini, pour ma part, comme lumière noire), les maçons devinrent « spéculatifs », et entreprirent de réorienter ces savoirs et méthodes au service de constructions spirituelles telles que le perfectionnement de l'individu, pierre élémentaire participant à l'édification du grand œuvre, et de participer ainsi à l'émergence d'une humanité sciente, solidaire et harmonieuse.

Quels étaient donc ces méthodes si efficaces, qu'elles ont pu s'imposer, hier comme aujourd'hui, à des analphabètes comme à des érudits, à des opératifs comme aux spéculatifs ?

- Un langage symbolique universel,

- Une démarche claire pour des objectifs légitimes

Considérons tout d'abord le langage symbolique universel :

« Une image, dit-on, vaut mieux que mille mots » C'est en effet ce concept qui est à l'origine du symbolisme. Le symbole est le seul moyen connu de porter et de transmettre massivement la connaissance et les concepts essentiels, sans que le temps ou la diversité des langues usuelles n'en altèrent le sens profond. Ceci était d'autant plus nécessaire dans les civilisations orales d'hier, où l'écrit et les langages structurés étaient inaccessibles au commun des mortels.

Le symbole est donc une connaissance, c'est à dire non seulement une information mais aussi une action induite, et qui lui est associée. C'est tout à la fois l'objet et l'action sous-tendue en une même représentation. En effet: la pierre brute suggère qu'elle soit taillée, faute d'être inutile, mais le ciseau et le maillet induisent qu'ils n'ont de sens que s'ils s'appliquent à la pierre brute ! A partir de là, la transposition spéculative à l'individu est évidente: « perfectionné par son acuité morale et sa volonté répétée » ne trahit en rien le sens symbolique initial.

Certains symboles se conjuguent en variantes sémantiques plus subtiles comme le compas, représentant l'esprit associé à son champ de conscience (suivant le degré d'écartement de ses branches), et l'équerre figurant la réalité matérielle de l'univers qui nous entoure. L'esprit de l'apprenti ne s'impose pas encore à son environnement: l'équerre sera donc placée sur le compas. L'esprit du compagnon commence quant à lui à percevoir et maîtriser certaines réalités extérieures et a corrigé certains de ses défauts: le compas et l'équerre sont interpénétrés.

On peut ici raisonnablement supposer qu'au grade suivant, l'esprit aura réussi enfin à se maîtriser et s'imposer à ce qui l'environne et plaçant ainsi le compas au dessus de l'équerre!

Là aussi: que représenterait l'esprit sans l'environnement qui le stimule et que serait un univers sans raison ni spectateurs pour le contempler ? Quel sens aurait une réponse sans la question posée ou vice-versa !

Il est enfin des symboles qui représentent en eux-même l'ensemble d'un niveau de conscience, des moyens d'actions et de l'objectif à atteindre: c'est notamment le cas de l'étoile flamboyante . Ce symbole représente à lui seul la création dans la globalité ainsi que les capacités dont le grand architecte a pdoté l'homme, pour que celui-ci puisse percevoir et comprendre sa création.

L'étoile flamboyante représente le potentiel de compréhension de l'homme sur son environnement et la sérénité dont il peut jouir par l'équilibre conjugué de sa réflexion et de ses actes : depuis et vers l'univers qui l'entoure.

L'étoile flamboyante est en somme la représentation du commencement et de la fin, ainsi que le chemin d'harmonie conduisant du premier au second, dans le cadre de la condition dévolue à l'homme.

Une démarche claire avec des objectifs légitimes :

Le savoir et sa transmission au travers de la tradition est une chose mais sa mise en œuvre durable nécessite une profonde compréhension et un profond respect de l'homme par lui-même et pour lui-même, faute de ne représenter alors qu'un héritage culturel statique et tel qu'enseigné dans les écoles profanes.

Le chemin est clair : le profane représente l'ignorant qui, en frappant à la porte du temple, désire accéder à la connaissance afin de progresser. Il meurt alors symboliquement pour renaître à lui-même en recevant la lumière, dans une fraternité à laquelle il adhère consciemment, librement et indéfectiblement. L'initié accepte ses défauts pour progresser et choisit l'humilité pour apprendre.

La méthode est claire : Le temple est la représentation symbolique du microcosme et du macrocosme, il est aussi l'univers symbolique au sein duquel le maçon acquiers la connaissance et progresse. Tout au long de ses voyages, ses frères l'aideront et l'assisteront, sans jugement aucun et avec la bienveillance que lui-même leur témoignera en retour, car le temple est un lieu « *très éclairé et où règne la concorde* » L'effort et la joie sont ainsi partagés, la collectivité est soudée et la reconnaissance individuelle acquise. Exemple, solidarité, vertu, et bienveillance sont ainsi le creuset d'union d'une fratrie choisie, ayant pour devise: « *un pour tous et tous pour un* » (Alexandre Dumas était-il maçon ?)

L'objectif est légitime L'initié comprend progressivement que tout passe par lui pour pouvoir rayonner sur les autres : en s'aimant un peu lui-même, le maçon apprend ainsi à aimer les autres, en se respectant: il respecte les autres, en donnant plus qu'il ne reçoit : il reçoit plus encore ! Ce qui est vrai en loge l'est plus encore vers le monde profane car l'ensemble de la maçonnerie se doit de transmettre à son tour la lumière sur les parvis, par la mise en pratique des vertus apprises en loge, et attirer ainsi de nouvelles pierres dans le monde sacré.

Ainsi, mes frères, la méthode maçonnique revient à la pratique humaine de l'homme par l'homme, au travers du de l'être suprême, dans un monde où chacun a sa place, toute sa place mais rien que sa place, au moyen d'un langage universel, durable et de grande simplicité ; afin que les lumières du progrès nous éloignent sans cesse des ténèbres de l'ignorance et nous rapproche davantage de la sagesse et du grand architecte de l'univers.

J'ai dit !

Les cinq ordres d'architecture

Leur symbolique en franc-maçonnerie et dans l'évolution humaine

les 3 ordres grecs :

L'ordre dorique. c'est l'ordre le plus simple, le plus mâle des trois ordres d'architecture, il est aussi le plus ancien. C'est le premier ordre d'architecture. Pour les Francs-maçons, la colonne dorique évoque l'idée de force et de grandeur, fortification de la raison et de la volonté, les pieds directement sur terre comme la colonne de cet ordre aux vertus masculines. c'est le pilier du premier surveillant: la force.

L'ordre ionique. Il est caractérisé surtout par un chapiteau orné de deux volutes. C'est le deuxième ordre d'architecture. pour les Francs-maçons, la colonne ionique évoque le sentiment, la sensibilité, l'intuition et l'imagination toutes qualités féminines entre toutes. c'est le pilier de notre vénérable maître : la sagesse.

L'ordre corinthien. c'est le troisième et plus riche des ordres d'architecture. pour les Francs-maçons, dans notre loge écossaise la colonne corinthienne est la plénitude de la beauté.

c'est le pilier de notre deuxième surveillant: la beauté. Parallèlement à la beauté, c'est l'ordre le plus libre des trois: variations dans ses cannelures, ses proportions, sa décorations. c'est donc aussi l'ordre de l'invention et de la nouveauté.

viennent ensuite : les 2 ordres romains

L'ordre composite ou romain il est formé par une sorte de mélange des ordres ionique et corinthien. c'est le quatrième ordre d'architecture. cet ordre n'est pas directement présent en loge. les romains employaient cet ordre essentiellement pour orner leurs arcs de triomphe. l'arc de triomphe est formé fondamentalement de deux piliers se rejoignant pour former une voûte, suffisamment "céleste" et sacrée pour que les soldats soient honorés en y défilant dessous !

N'y aurait-il pas là le symbole de l'indissociable complémentarité entre la force et la beauté ? entre la matière et l'esprit ? entre la volonté et l'intelligence ? ou encore, entre l'œuvre et le plan ? Entre la terre et le ciel ?

N'y aurait-il pas, au delà de cette complémentarité, une sorte de victoire de la raison sur la passion, et de la détermination sur la fatalité ? Bref de la naissance du ternaire fruit des complémentaires, succédant au binaire des simples oppositions ?

N'y aurait-il pas au final cette vision de l'union fructueuse de ce qui demeure stérile en restant épars ? cette vision de l'union productive des différences, en affirmant au vu de tous, que rien n'est opposé mais que tout est complémentaire au sein d'une œuvre universelle. cette vision qui nous offre ainsi l'intuition du retour à l'unité ... par le haut, après avoir rejeté les ténèbres de ses peurs et de son ignorance ?

L'ordre toscan. c'est le plus simple des ordres d'architecture, chez les romains il est une déformation de l'ordre dorique. les Francs-maçons le considèrent comme le plus énigmatique, et les anciens eux-mêmes, ne l'utilisèrent qu'en de rares exceptions. on pourrait imaginer qu'il est une sorte de retour aux sources, l'alpha qui revient après l'oméga, le départ compris comme un aboutissement

il est probablement la synthèse et la quintessence des quatre ordres précédents, dans une progression spirituelle qui nous rapproche du divin en 5 étapes d'architecture de l'évolution humaine:

- **premier ordre ou "être"** c'est vivre par la logique de l'instinct ou de la "raison réflexe", c'est la mise en oeuvre des comportements nécessaires à la survie individuelle et donc de l'espèce. c'est un niveau d'évolution consacrant la force du vivant face à la mort, et du mécanisme de la reproduction qui la lui fait vaincre. ceci représente probablement l'ordre dorique.

- **second ordre ou "être conscient de soi"** c'est la raison primaire, impliquant la conscience d'autrui plus au travers de son égoïté que de sa compassion, et le respect de règles sociales basiques, non par adhésion mais par peur des interdits. l'amour est ressenti dès ce stade. A ce niveau, intervient la réalisation d'objets basiques, d'outils, et d'échanges... l'ordre ionique et la beauté de la réflexion et des sentiments naissants peuvent se rapporter à ce niveau d'évolution.

- **troisième ordre : le savoir-faire et la conscience sociale** a ce niveau d'évolution, la raison abstractive et anticipative produit une "mémoire collective" par la transmission et l'écriture. ici apparaît des spécialisations sociales telles que les productifs, les administrateurs, les inspirateurs, les éducatifs, les cherchants, les protecteurs, les religieux ... etc. ici, nous pouvons parler de « civilisation ». je rapprocherai ce stade d'évolution de l'ordre corinthien et de la sagesse. mais attention: la « sagesse » prise dans son sens ancien, celui de la « justesse », appelée aussi « discernement ». cette sagesse par nécessité produisant un équilibre légalisé entre les différentes composantes d'une société.

- **quatrième ordre ou "le savoir-être"** c'est ici qu'intervient la "sagesse" au niveau individuel, c'est à dire cette capacité d'appréhender le monde soit par la recherche d'une synthèse, fruit d'une thèse et d'une antithèse, soit par une décision motivée par « *la recherche du moins pire, à défaut du mieux possible* ». A ce stade, apparaît donc des sentiments complexes comme l'empathie. A ce stade apparaît également des connaissances cachées mais parfaitement induites par celles qui nous sont visibles. Cette "sagesse individuelle" est peut-être cette victoire triomphante sur les oppositions binaires en comprenant que tout est complémentaire de tout au sein d'une œuvre universelle. c'est peut-être ce que semble nous montrer le quatrième ordre d'architecture: le composite.

- **cinquième ordre ou "la conscience globale"** est le dernier stade, celui de la sagesse au sens universel et collectif du terme. elle est ainsi ressentie par chacun et par tous simultanément. c'est peut-être la « quintessence » des alchimistes, la "conscience cosmique" des ésotéristes, « l'illumination » des Francs-maçons, le « nirvana » des bouddhistes, la « béatitude » pour les Chrétiens... etc... A ce stade évolutif, et s'il était ressenti par tous simultanément, il y aurait un respect global de l'espèce, des mérites de chacun, et des œuvres communes. A ce stade, la société serait protectrice autant de son écosystème, qu'elle se soucierait de ce qu'elle pourrait léguer aux générations futures. A ce stade l'individualisme serait promu pour la diversité des talents, et non pour la recherche individualisée de la cupidité maximale ! A ce stade c'est la victoire de l'Amour, avec un grand « A ». Ce cinquième ordre est-il le signe de l'aboutissement ultime du genre humain ? Le retour à la simplicité unitaire après être passé par la multiplicité du binaire et du ternaire ? peut-être est-ce ce que souhaite nous inspirer l'ordre d'architecture dit "toscan" !

Pour se résumer, le compagnon est donc confronté à 5 ordres d'architecture, 5 voyages d'initiation, 5 coups de maillet lors de l'ouverture au grade de compagnon.

mais ce sont aussi les 5 officiers qui éclairent la loge, et surtout ces 5 ordres d'architectures qui entrent en écho avec les 5 pointes de l'étoile flamboyante, pointes qui nous parlent des 5 "sens" et à la divine harmonie du nombre d'or.

A titre personnel, je ne pense pas qu'il faille comprendre « les sens » montrés par l'étoile, au premier degré, mais au sens des attributs dévolus et accessibles à l'humain: c'est à dire aux attributs capables de nous faire progresser d'ordre d'architecture en ordre d'architecture, pour que soit achevé notre temple intérieur. !

Que sont ces 5 attributs dévolus à l'homme ?

- **la perception** ici, ce sont les sens, au premier degré, vue, ouïe, odorat, goût et toucher, mesurant l'univers vibratoire dans lequel baigne notre être, et contribuant à former la conscience de soi.

- **l'émotion** exprime toutes les interactions entre les sensations émises et reçues induisant les sentiments. certains appellent cet attribut « le cœur ». le cœur, par opposition à tout ce qui peut être ressenti sans pour autant être réfléchi ni même perçu !

- **la raison** qui est cette interrelation et cette articulation entre les éléments du savoir, et leur planification effective et rationnelle dans le temps.

- **l'imagination** qui est cette capacité de création par la projection du savoir en direction de « l'espéré »

- **l'intuition** : l'accès direct au « su universel », sans passer par le « su personnel », ou même le « su collectif »

pour terminer, l'étoile flamboyante nous montre aussi, par sa lettre « G», placée en son centre, qu'à tous les stades de notre évolution, nous étions détenteurs de cette étincelle divine, de cette consubstantialité avec notre créateur, nous associant à la création universelle en nous dotant d'un libre arbitre.

Le 5: est donc le symbole qui nous montre le chemin vers l'homme accompli à défaut d'être achevé !

J'ai dit !

Elle brille à l'est

(A la recherche de l'étoile flamboyante)

L'alchimie est l'inspiration profonde de notre rite. Elle exprime la magie des concepts dans l'univers des symboles. Ces symboles qui sont si chers à la Franc-maçonnerie en général, et qui sont placés en loge sur l'écrin de nos rituels.

Parmi tous ces symboles, il s'en trouve deux qui sont tout à la fois les causes et les raisons de tous les autres, le delta rayonnant, bien sûr, et l'étoile flamboyante.

Je vais aborder ce soir, le sujet de l'étoile flamboyante, en survolant rapidement les multiples aspects de sa réalité si complexe, avant de revenir à sa signification maçonnique, telle que je la ressens.

L'étoile des astronomes à l'origine de celle des religieux !

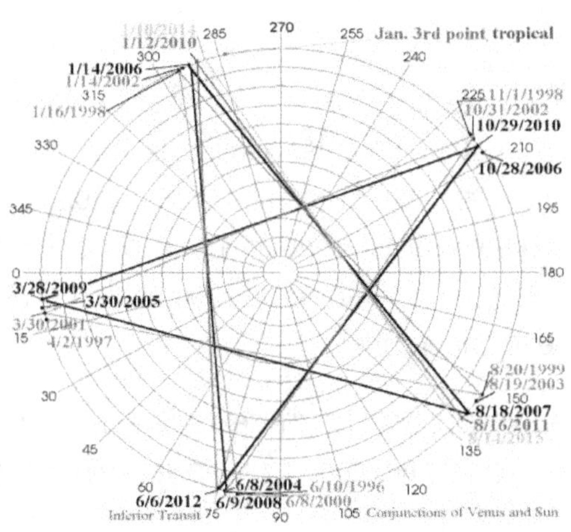

151

Dans son cycle de 8 ans, Vénus est 4 fois « étoile du soir », et quatre fois « étoile du matin » comme l'a montré Pythagore. Le matin elle se lève toujours avant le Soleil en se retrouvant approximativement à la même place. Tous les huit ans, après avoir dessiné dans l'espace, un pentagramme presque parfait, elle retrouve sa place exacte (à 1° près). C'est là qu'elle est la plus basse et la plus brillante. Elle se lève 24 minutes avant le Soleil. C'est cette position qui était considéré jadis, comme la plus sacrée, et que l'on retrouvera plus tard, au sud-est, dans les premières loges opératives, puis maçonniques.

Ce « pentagramme céleste », ainsi dessiné dans le ciel par Vénus, est devenu pour les hommes, le symbole de ce que l'on appela aussi le « féminin sacré », ou encore l'aspect féminin de Dieu.

Ce fut Ishtar pour les Sumériens, Isis pour les égyptiens ou encore Venus pour les romains, Puis l'étoile de Bethléem pour les Chrétiens.

Quant aux hébreux, ils appelaient « Shekinah », un moment très particulier, et qui se produisait tous les 480 ans. A ce moment là, Vénus se lève avec mercure en doublant son rayonnement apparent. C'est pour accueillir cette lumière si particulière, que le premier Temple de Salomon fût à l'origine construit avec cette orientation.

L'histoire du peuple hébreux fut d'ailleurs fortement rythmée par la Shekinah, à chaque apparition de laquelle un grand souverain devait être désigné par Dieu, ou un grand Temple construit. Ainsi, l'étoile des roi mages, annonçant la naissance de Jésus de Nazareth, pourrait être la Shekinah de la tradition.

- Naissance d'Abraham (Environ -1930),

- Naissance de Moïse (environ -1450),

- Naissance de Salomon (environ -970),

- Naissance de Zorobabel (environ -490),

- Naissance de Jésus (environ -10),

Ils se sont succédés à quasiment 480 ans d'écart. A noter la quasi-certitude que Moïse ayant une cinquantaine d'années en en -1500, cadre assez bien avec l'explosion du Santorin, ayant induit ce que l'on a appelé plus tard les 7 plaies d'Égypte, et qui fut à l'origine du second exode des hébreux. (ou peut-être la portion de l'histoire appelée aussi l'expulsion des Hŷksos)

L'étoile des Géomètres : des propriétés quasi Divines

Le nombre d'or est connu depuis des millénaires, et d'ailleurs explicitement intégré dans le rituel de compagnon.

Pentagramme étoilé   **Étoile Druze à 5 branches**

Notons que 5 est le nombre médian, peut-être le symbole de l'homme partagé entre l'infiniment petit et l'infiniment grand.

L'homme à l'intersection de tous les possibles et de tous les paradoxes.

Sans aller plus avant avec le nombre 5, analysons les formes géométriques contenues dans cette étoile.

Petit Triangle Divin : 108° - 36° - 36° : Base = Phi

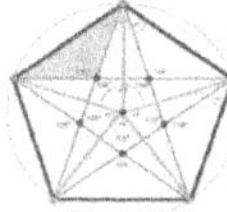 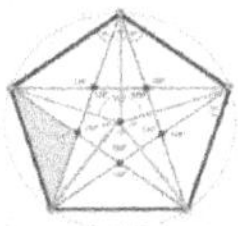 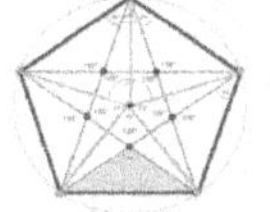 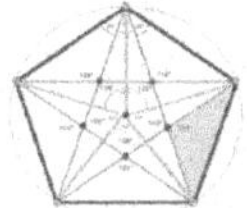 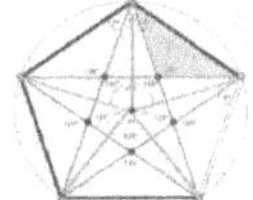

Grand Triangle Divin : 108° - 36° - 36° : Base = Phi   Extérieur

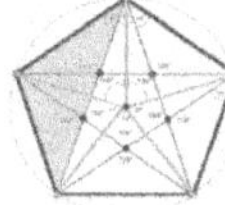 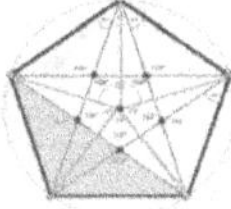 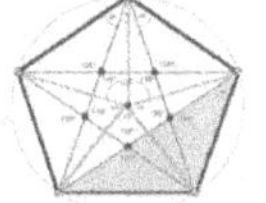 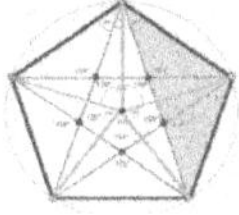 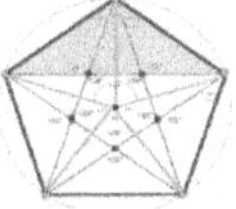

Grand Triangle Divin : 108° - 36° - 36° : Base = Phi Intérieur

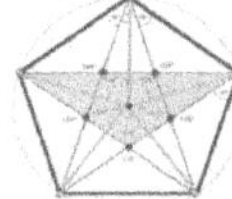 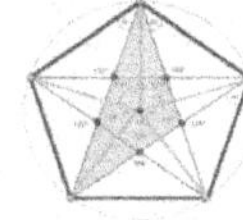 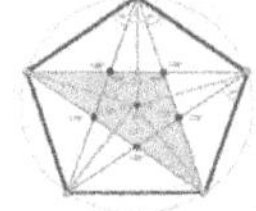 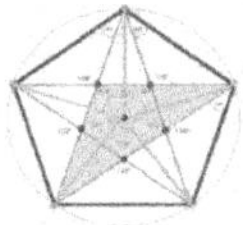 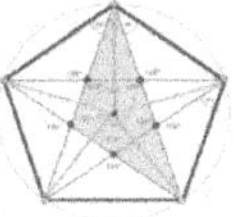

Petit Triangle Sublime : 36° - 72° - 72°   Côtés = Phi

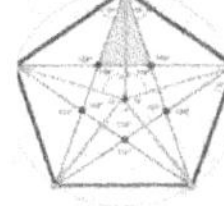 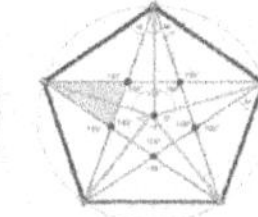 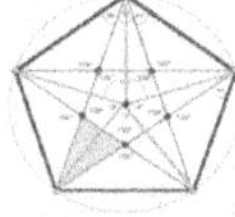 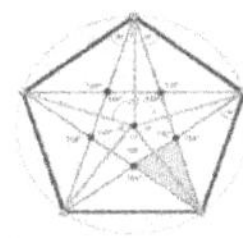 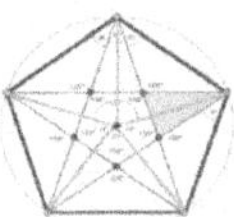

Grand Triangle Sublime : 36° - 72° - 72° Côtés = Phi

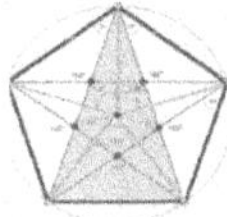 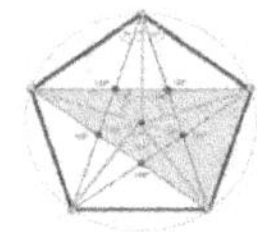 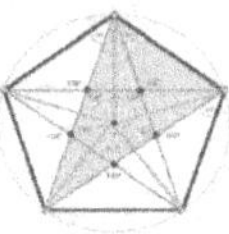 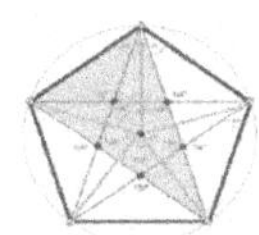 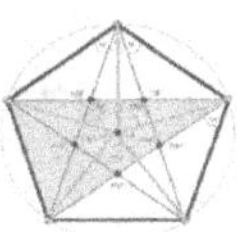

Triangle D'Argent : 144° - 18° - 18° : Côtés = Phi

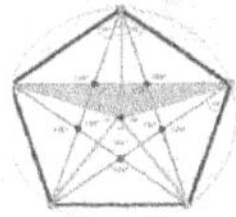 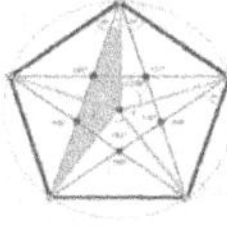 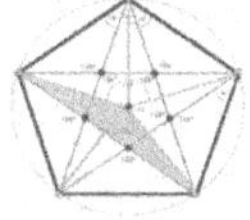 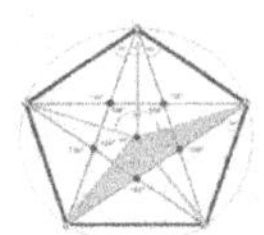 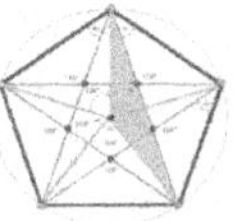

Triangle Isocèle: 72° - 54° - 54°

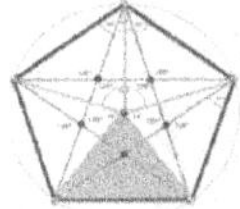 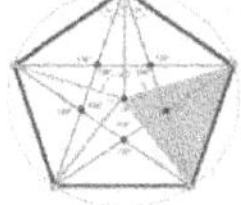 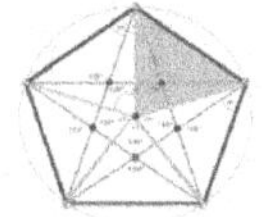 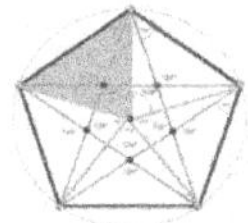 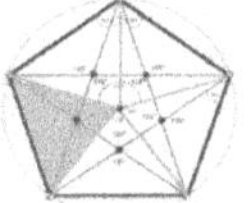

L'étoile des Guématristes Sur le plan de l'analyse des angles de l'étoile flamboyante, celle ci comprend :

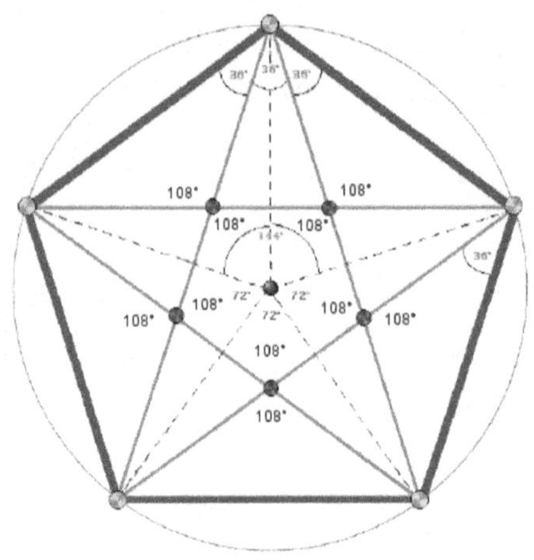

- 10 angles obtus de 108 degrés = 10 x 9 = 9

- 10 Angles obtus de 72 degrés = 10 x 9 = 9

- 5 Angles aigus de 36 degrés = 5 x 9 = 45 = 9

- 5 compléments angulaires des pointes de 324 degrés = 5 x 9 = 45 = 9, lesquels pourraient se subdiviser, par la bissectrice de chaque branche, en deux angles obtus et égaux de 162 degrés ... soit 10 x 9 = 9.

Il est à noter que la somme totale des angles obtenus est de 3.600 degrés, correspondant à celle de « 10 cercles » ... peut-être une allusion cachée aux 10 Séphirots des Kabbalistes.

Au final, l'étoile « des angles » est totalement imprégnée du nombre 9 sans aucune exception. 9 étant le nombre de l'accomplissement humain et limite de son entendement.

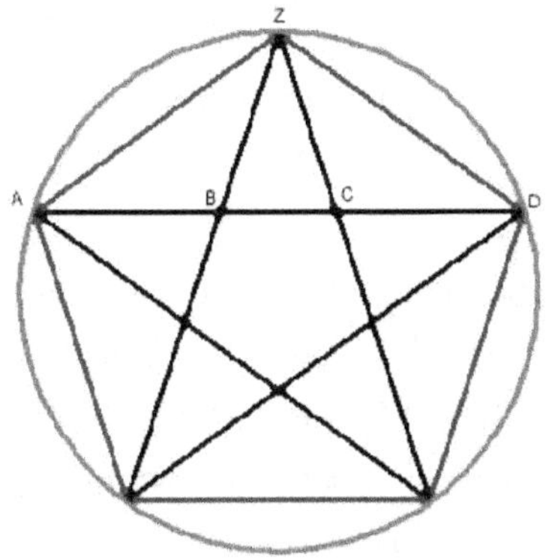

Quant à la relation de l'étoile avec le nombre d'or « Phi », chacun des segments obéit sans exception à la relation suivante :

$$\varphi = \frac{AD}{AZ} = \frac{AC}{AB} = \frac{AD}{AC}$$

L'étoile des alchimistes qui rejoint celle des physiciens

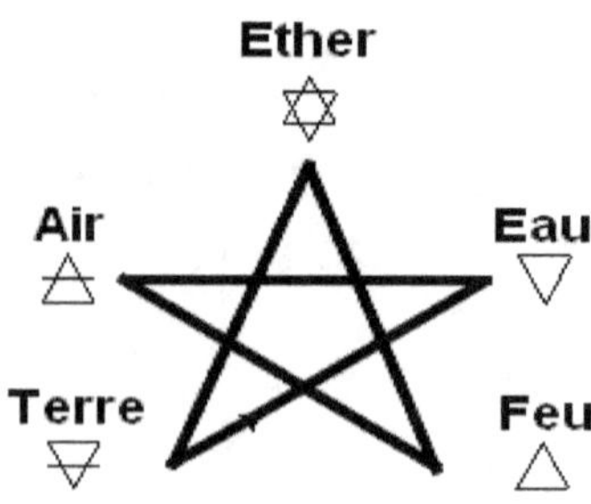

Les 5 pointes de l'étoile flamboyante figurent les 5 états alchimiques traditionnels, dont la définition aujourd'hui, correspond à une connaissance plus approfondie de la matière. L'étoile flamboyante montrant ainsi l'enchaînement logique des transformations de la création universelle.

1. L'éther pour les champs énergétiques sous-jacents ou quantiques.
2. Le feu pour le plasma
3. L'air pour l'état gazeux
4. L'eau pour l'état liquide
5. La terre pour l'état solide

Le trou noir ramenant peut-être ..... le solide à l'éther.

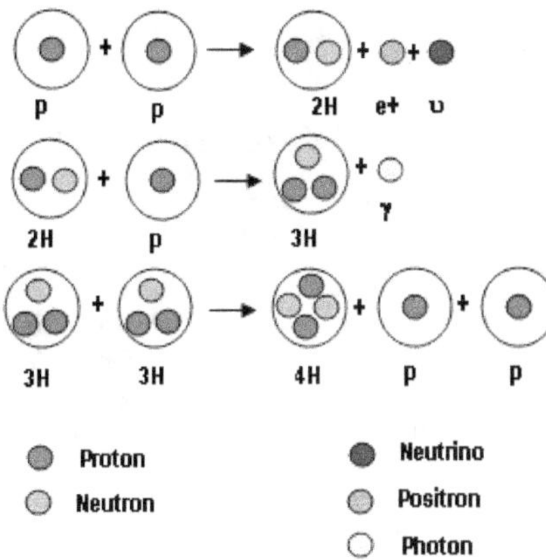

En parlant de Physique, la réaction de fission nucléaire est aussi étonnamment proche du ternaire principal des francs maçons :

« L'unité crée la dualité, laquelle produit l'équilibre et le mouvement par le ternaire, avant de revenir à l'unité »

Et dans le rituel : *« Il convient de ramener le binaire à l'unité par le moyen du nombre 3 »*

Étonnant non ?

L'étoile comme symbole de la progression des niveaux de consciences

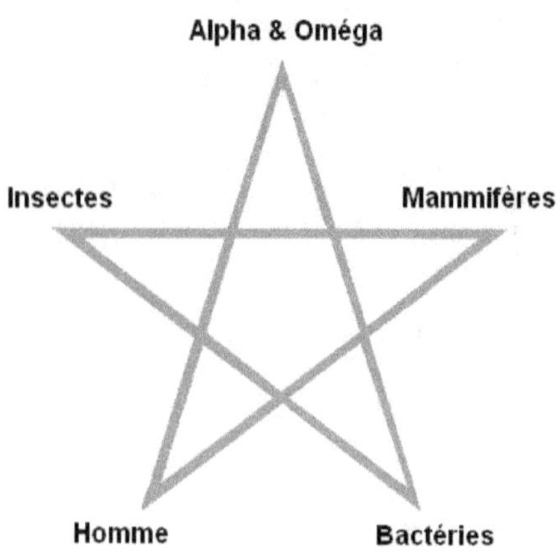

Les 5 pointes de l'étoile flamboyante peuvent figurer :

- La conscience réflexe, comme celle des bactéries

- La conscience instinctive, comme celle des abeilles

- La conscience émotive, comme celle des mammifères supérieurs

- La conscience Abstractive, comme celle des hommes

- La conscience Absolue comme celle de Dieu

Revenons à l'étoile flamboyante du compagnon Franc-Maçon

Ce qui va suivre, mes frères, devra être compris comme l'expression de ma propre intuition et aucunement comme des vérités absolues.

En tout premier lieu, l'étoile « flamboie », parce que seul le delta « rayonne ». Le delta représente le créateur initial sans lequel rien n'aurait été. Ce qui « flamboie » représente ce qui est reçu de l'être suprême, et que certains appellent aussi les « dons » ou « prédispositions ». Ce « flamboiement » est ainsi l'inverse du rayonnement. L'un reçoit, l'autre émet.

Le flamboiement est le « feu primordial », ou le « verbe », que Dieu émet à destination de sa création et de ses créatures. D'ailleurs, l'épée flamboyante du VM n'émet pas vers l'être suprême, mais reçoit de lui !

Avant d'aller plus loin, il est nécessaire de se faire une représentation particulière de Dieu, en se basant sur le précepte de la table d'émeraude : « *Tout ce qui est en bas est comme ce qui est en haut* ».

Imaginons tout d'abord qu'à partir des extrémités opposées de chacune des 5 Dimensions (dont le temps), et depuis un lieu inconnu ...

Dieu pris alors conscience de lui même, et ce fut le « big bang spirituel »..

Ainsi, comme il est dit dans la bible : « L'esprit de Dieu planait sur les eaux ». Ces eaux qui symbolisent le néant initial, ou l'océan quantique, au sein duquel existait la conscience de Dieu. « L'Ein », « l'Ein Soph », et « l'Ein Soph Aur » au sein duquel l'arbre Séphirotique ou « arbre de vie » existe.

Dieu est seul et sait qu'il est éternel. Alors, il décide de cesser de penser, et commence alors à imaginer des structures, d'abord générales : cosmos, étoiles, puis des planètes, puis des formes et des créatures de plus en plus complexes, Sa création est son « rêve intérieur », que les hommes, membres de ce rêve et consubstantiel à lui, appellent « réalité »... va alors commencer :

Que la lumière soit .. et la lumière fut !

Notre réalité n'étant qu'une projection en 4 dimension (dont le temps), de sa réalité à 5 dimensions (dont le temps), explique que nous soyons créés à l'image de Dieu. Comme une photographie ne représente pas la réalité !

Les créatures qui peupleront le rêve de Dieu seront ainsi comme les ombres projetées de la caverne de Platon.

Deux mondes cohabitent ainsi: l'un en 5 dimensions: celui de « l'émanation » et l'autre en 4 Dimensions : celui de la « formation », comme le disent les Kabbalistes.

La conscience reste le trait-d'union entre ces deux mondes.

Dieu crée pour explorer l'infini de son être intérieur.

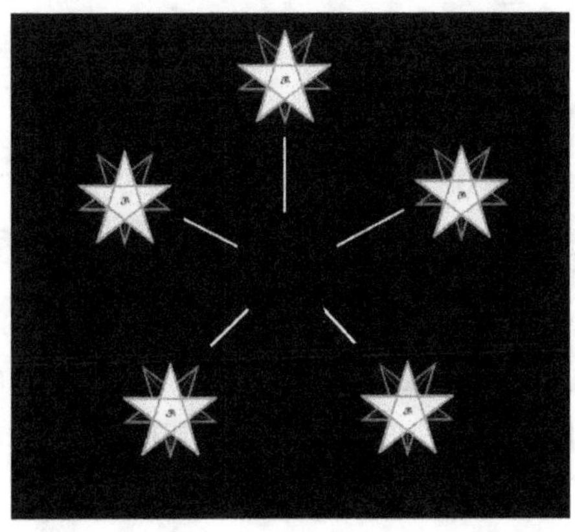

Dieu ne crée qu'à partir de ce qu'il connaît: c'est à dire: lui-même. Dieu crée ainsi l'univers selon sa volonté, son énergie et son imagination : son ternaire personnel. (à rapprocher de l'espace, du temps, et de l'énergie quantique, dans le monde physique.)

Dieu est Amour: car il est "partage". Il crée à partir de lui-même. Il se subdivise en créant. Amour serait ainsi la probable et ancienne signification du concept de « partage ».

Un être conscient, éternel et seul, n'aurait d'autres solutions que de fragmenter sa conscience à l'infini, afin de meubler son éternité.

Il se multiplie ainsi indéfiniment tout en restant unique. En quelque sorte il se transforme sans jamais ajouter ni retrancher à lui-même. il partage son être en fractions sans cesse plus petites, interagissant entre elles de manière sans cesse plus complexe.

Tout est vivant au sein de Dieu, mais à des échelles de temps tellement différentes, que certaines créatures peuvent paraître à d'autres, trop lentes ou trop rapides, pour être perceptibles.

L'homme est une des créatures de Dieu, non la seule, mais apparemment une des plus complexes. Il est doté des caractéristiques et potentiels de réalisation, qui sont à la ressemblance de son créateur.

A la ressemblance seulement, car Dieu évoluant dans cet univers à 5 dimensions, nous a créé en 4 dimensions. Ce serait un peu comme si nous étions un « film » par rapport à la réalité.

L'homme, créature en 4 dimension, peut créer des objets de mêmes dimensions, mais aussi de dimensions inférieures, tels que les dessins en 2 dimensions, ou les films en 3 dimensions dont le temps. Pourquoi alors Dieu n'aurait-il pas créé des êtres possédant les mêmes dimensions que lui? Non : car Dieu ne peut en aucun cas perdre son « unité ». Même les anges sont des créatures de Dieu, vivant au sein de son rêve.

Quant à la question de la transcendance et de l'immanence, c'est à dire de Dieu Externe ou interne à sa création, cette question ne se pose plus, car la double étoile du « flamboiement » et celle du « rayonnement » nous montre qu'elles sont deux réalités superposées et unies par le 11ème sommet (la conscience).

Revenons maintenant à notre propos initial et sur une échelle bien plus modeste.

L'étoile flamboyante se révèle au compagnon après qu'il ait réalisé ses 5 voyages. Elle devient à cet instant l'emblème de l'homme en voie d'accomplissement. L'homme accompli est, objectif existentiel du franc-maçon, c'est la pleine expression des potentiels de réalisation matériels ; au travers de la pleine mise en œuvre des capacités qui lui ont été dévolues, mais ce sera probablement pour le grade de Maître.

L'étoile flamboyante représente le « vivant-conscient », que nous appellerons ici « l'homme » pour simplifier. L'étoile flamboyante est composée de deux étoiles superposées, pour décrire une même réalité, tels le compas et l'équerre de nos loges. Ainsi : Si le delta « rayonne », c'est à dire émet le « feu primordial de la création », le flamboiement de l'étoile dont nous parlons ici, correspond au « feu primordial reçu ».

L'étoile spirituelle, est composée de 5 branches ondulées appelées « Flamboiements ». Cette étoile figure les dons et potentiels, hérités de l'être suprême, appelé aussi « verbe » ou encore « feu primordial ». (Océan quantique ou infini des possibles pour les Physiciens)

L'étoile matérielle figure quant à elle, les potentiels d'expression créatifs au sein du monde manifesté que l'on dit « matériel ». Ainsi, la créature crée à son niveau et en proportion de ce qu'elle a reçue. Cette seconde étoile, celle de l'expression matérielle, est représentée par les 5 « **éclats** » rectilignes. (La « Manifestation » pour résumer)

Ces deux étoiles ainsi superposées forment ensemble 10 Som-mets, sachant que le « 11ème sommet » est la jonction, le centre c'est à dire la conscience du vivant.... encore appelée « libre arbitre ».

Il est intéressant de rapprocher ces 10 sommets avec les 10 Séphira de la tradition Kabbalistique ; sachant que le 11ème sommet, représenté par la lettre « G », peut également être rapproché de la 11ème Séphira cachée : Daalet, celle de la connaissance.

La lettre G ou le « 11ème sommet » de l'étoile

La lettre G ne veut rien dire en tant que telle, car la réalité universelle doit être accessible à tous les peuples, et en toutes les langues le « G » est donc obligatoirement un symbole graphique, qui fut endommagé ou partiellement effacé, et confondu plus tard avec une lettre. (ou ramené à une lettre par les Anglo Saxons : G pour « God »)

Pour les alchimistes, l'être suprême serait comme le souffre, créateur et masculin, appelé aussi « le verbe » ; s 'exprimant dans le mercure féminin et sacré du « grand tout ». L'une des faces de l'être suprême est ainsi sa volonté et sa puissance, alors que l'autre en est son imaginaire et son intuition.

Comme nous l'avons vu, Dieu ne crée qu'à partir de ce qu'il connaît et donc crée en lui-même. Cette dualité est tout à la fois son contraire et son complément. Cette dualité, trouve aussi sa stabilité au travers de leur créativité pour former la trinité sacrée, ou l'expression absolue de leurs potentiels. Ce troisième état de dieu, que les les chrétiens appellent le « saint esprit », et que les alchimistes font correspondre au « Sel ». Ainsi, le grand « G » au centre de l'étoile, pourrait être le symbole alchimique du sel, lequel aurait pu être « partiellement effacé ».

Le sel, au plan des principes, permet de réunir et de stabiliser les contraires. Le sel alchimique est donc tout à la fois stabilisateur et catalytique Il permet l'expression du potentiel de chacun des deux autres principes sans que ceux-ci ne soient directement confrontés. On pourrait ainsi dire: S comme sel et comme Sagesse. Par ces capacités extraordinaires, Le « sel symbolique » peut représenter la conscience et le libre arbitre. C'est à dire la capacité de « renvoyer l'univers à soi-même et soi-même à l'univers ». Le sens réel du mot « réflexion ». L'homme, parcelle de cette essence Divine, se pose sans cesse la question de son origine et de sa destination, peut-être parce que Dieu, dans son état originel, se l'était posée bien avant lui.

Mais, le symbole du « sel des alchimistes », est peut-être lui même une erreur d'interprétation de quelque chose de bien plus ancien. Il est peut-être une déformation du Sigma grec, lui-même issu du W phénicien et du « Shin hébraïque » ... Jésus de Nazareth ne disait-il pas : « vous serez le sel de la terre » ... donc « la conscience de l'humanité » ...

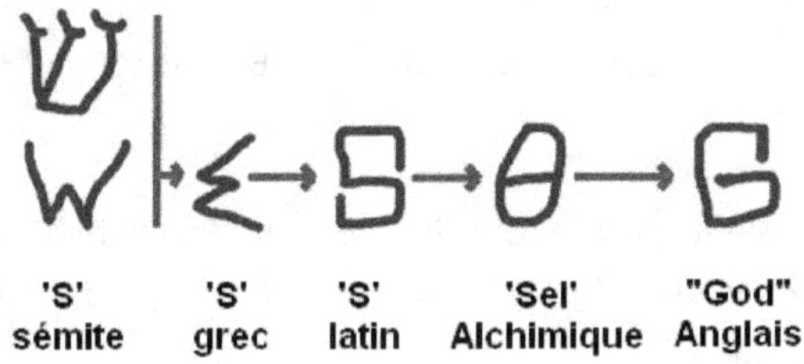

C'est peut-être sur cette erreur d'interprétation, que le Shin originel aurait pu être transformé en sel par les alchimistes et hermétistes du moyen âge.

Shin est un caractère sémitique en forme de couronne, qui d'ailleurs rappelle la Séphira « Kether ». Le Shin pourrait être cette fameuse « parole perdue », cette « lettre-symbole » siégeant au centre de l'étoile flamboyante.

Shin est la première lettre de la face masculine de Dieu: Shaddai. (שַׁדַּי) Pouvant représenter: Pensée, Volonté, Force, Énergie,

Shin est aussi la première lettre de la face féminine de Dieu: Shekinah (שכינה) Pouvant représenter: Amour, Tolérance, Beauté, Imaginaire

Shin enfin, comme la résultante et le produit la Dualité Divine, alliance du verbe avec l'imaginaire, de la rigueur et de l'amour, pour « enfanter » la « création » de notre univers connu.

Ces trois « S » ou Shin, comme les 3 pointes de la couronne symbolisée par ce caractère, caractère qui porte d'ailleurs en lui la notion même de trinité. En effet, la branche droite du Shin est le fruit des deux premières, comme un enfant est le fruit de ses parents !

La différence entre Sin et Shin, smalit ou yemanite, c'est à dire entre « s » et « sh » est peut-être aussi différenciateur entre

Shaddaï et Shekhinah, comme jadis il était fait la distinction entre ephraïms et les guiladites à propos du fameux « Shibboleth » !

L'être suprême aurait ainsi placé devant notre entendement, sous forme de multiples phénomènes, un signe nous permettant d'accéder à la compréhension de notre essence, de notre place dans la création, et de notre destinée.

L'étoile flamboyante s'exprime sur deux plans. Le plan sacré au travers des dons et des capacités reçues : « la flamboyance » ; et celui de leur expression matérielle : « les potentiels de réalisation ». Le 11ème sommet de l'étoile étant son centre, la conscience réelle, siège de ce que l'on appelle la conscience dotée de libre-arbitre, c'est à dire la capacité indirecte de création qui nous est dévolue, et donc de notre participation au « grand œuvre universel ».

De même que le Franc-maçon est tout à la fois la pierre, l'outil et l'ouvrier, l'univers est tout à la fois l'œuvre et son propre créateur. Le « verbe » n'est donc pas seulement le fruit d'une volonté, mais, la volonté par elle-même. L'homme n'est pas seulement une créature mais une part du créateur lui-même.

Que cette étoile nous éclaire à jamais, qu'elle guide nos actes en faisant de nous des hommes d'amour, donc de partage, qui ne cessent de bâtir leur temple intérieur pour contribuer à celui de l'univers tout entier. Que chacun de nous pense en homme d'action et agisse en homme de pensée.

Du créateur à la créature, par la création :

Issus du "tout", nous nous rendrons au "tout". Fruit du savoir de ceux qui nous ont précédés, nous sommes le germe de ceux qui nous suivront.

L' homme est une « configuration » unique et temporaire, issu d'une essence éternelle et multiple ; agissant dans l'unité collective et éternelle. L'homme ira là d'où il est issu.

L' homme est Dieu qui « s'oublie pour apprendre », et « meurt pour se souvenir ». L'homme est ainsi à l'image de Dieu, car fraction de la même essence, et donc des mêmes potentiels.

Dieu est la soif sans limites de connaissances, d'un être éternel motivé par la satisfaction continuelle d'une créativité en perpétuel mouvement.

Penser que Dieu est perfection, au sens d'achèvement, reviendrait à penser que son imagination est limitée.

Penser par contre qu'il est perfection, au sens des vertus, est une acception probablement bien plus appropriée.

J'ai dit !

Dieu, père et fils de l'homme

Issus du "tout", nous nous rendrons au "tout". Fruit du savoir de ceux qui nous ont précédés, nous transmettrons le nôtre à ceux qui nous suivront.

Chaque homme est une configuration unique et temporaire, issu d'une essence éternelle, agissant dans et pour l'unité collective. L'homme retournera là d'où il est issu.

L'homme est Dieu qui « s'oublie pour apprendre », et « meurt pour se souvenir ». L'homme est ainsi à l'image de Dieu, car fraction de la même essence, et donc des mêmes potentiels.

Dieu est la soif sans limites de connaissances, d'un être éternel motivé par la satisfaction continuelle d'une créativité en perpétuel mouvement.

Penser que Dieu est perfection, dans le sens d'achevé, reviendrait à penser que son imagination est limitée. Penser par contre qu'il est perfection, au sens des vertus, est une acception probablement bien plus appropriée.

Un être conscient, éternel et seul, n'aurait d'autres solutions que de fragmenter sa conscience à l'infini, afin de meubler son éternité.

Ainsi, la matérialité ne serait que la manifestation désespérée de cette quête illusoire de l'oubli à défaut de réponses à ses propres questions.

La spiritualité, quant à elle, serait la réalité à laquelle il tente de répondre ou d'échapper. Dieu est amour, en ce qu'il partage son être en fractions sans cesse plus petites, interagissant entre elles de manière sans cesse plus complexe.

L'homme, parcelle de cette essence, se pose sans cesse la question de son origine et de sa destination, peut-être parce que Dieu, dans son état unique et originel, se l'était posée lui-même, bien avant nous.

L'homme a été créé à l'image de Dieu. Notons bien le terme « image » et ramenons-le à un film : Si un film est la réduction à trois dimensions dont le temps, d'une réalité qui en possède 4 dont le temps), on peut parfaitement imaginer que la matière de notre univers, serait l'image à 4 dimensions dont le temps, d'une réalité qui en possèderait 5 dont le temps. Dieu existerait donc dans un monde à 5 dimension, peut-être symbolisé par l'étoile Flamboyante.

Comment des « objets » informatiques pourraient se représenter leur univers, au sein de la mémoire centrale d'un ordinateur ; sachant que nous savons très bien que celle-ci est un univers bi-dimensionnel dont dont le temps. Ces objets bi-dimensionnels dont le temps, sont parfaitement conçus pour

« raisonner », mais en aucun cas capables de « concevoir », comme nous : intelligences quadri-dimensionnelles dont le Temps

L'étoile flamboyante pourrait assez bien représenter « l'homme cosmique » ou « être de lumière », comme capable d'évoluer dans un référentiel dimensionnel supérieur au nôtre.

En fait, plus la conscience de Dieu se fragmente et plus la « chute » vers la matière s'amplifie, et plus la « matière » prévaut sur le spirituel initial. (un peu comme un électron passe à une orbite plus basse en perdant de son énergie)

L'équerre et le compas, nous montrerait ainsi la voie de « la remontée » vers les sphères spirituelles de nos origines, en rendant au compas, sa prééminence progressive sur l'équerre, après que soient unis en une même égrégore, tous les esprits de l'humanité.

« Quand tu dis : Dieu a créé l'homme à son image et quand tu dis l'homme a créé Dieu a son image, tu crois que tu dis le contraire et, effectivement, il en est ainsi. Il t'appartient d'étudier et de méditer jusqu'à ce que tu comprennes pourquoi et comment tu dis la même chose autrement ». (Jacob ben Sheshet, kabbaliste)

J'ai dit

Travaux au troisième degré degré

Travaux au troisième degré degré

Accueil d'un nouveau Maître

Mon très cher frère. Te voici maintenant Maître maçon, car les maîtres de cette loge, t'on reconnu pour tel. Tu viens d'achever une période de travail préalable sur ton temple intérieur, puis tu as acquis la maîtrise suffisante des outils symboliques. Tu participes d'ailleurs plus concrètement, depuis ton degré de compagnon, à l'achèvement du temple.

Désormais, tu auras en charge de tracer les plans, de diriger les travaux, de transmettre les savoirs et traditions, comme d'arbitrer les différents. Mais ce pouvoir que tu as désormais sur les apprentis et les compagnons, te confère aussi une bien plus grande responsabilité envers eux, et ceci, sans pour autant diminuer celle que tu as envers tes frères, envers les profanes, envers toi-même, et bien sûr envers le G A D L'U.

Tu es maintenant devenu l'un des avatars d'Hiram, notre bien aimé maître. Hiram, symbole de l'homme valeureux qui peut mourir pour des idées, qui a su résister à la tentation, aux persécutions, et qui a lutté constamment contre ses faiblesses et ses passions. Hiram qui représente la condition humaine en tant que telle, et donc tout autant l'humanité en général, que chaque être humain en particulier.

Sa mort est un enseignement riche, qui nous appelle au constant devoir de vigilance envers les ténèbres, car ses assassins symbolisent essentiellement les principaux vices qui nous empêchent de parvenir à la sagesse: l'ignorance, l'égoïsme, et la jalousie.

Hiram symbolise le devoir moral, de celui qui préfèrera mourir, plutôt que de faillir à sa tâche, à ses serments et à ses engagements. Hiram, que rien n'intimide: ni la menace, ni la souffrance. Ses ennemis ne peuvent rien contre le bien dont il est le défenseur généreux et résolu. Il est l'homme de la bienveillance dans la fermeté, comme il est l'homme du compromis sans compromissions. Hiram incarne donc la détermination placée au service d'une noble cause et la protection de ceux qui la servent avec lui.

La vérité, malgré les embûches, finit toujours par triompher, et celui que l'on a cru un temps abattre, renaît toujours de ses cendres, pour une vie nouvelle et meilleure. Peu importe que la justice tarde à se produire, d'autres hommes se lèveront, pour devenir à leur tour, les défenseurs du droit bafoué ou du savoir oublié, car le savoir est aussi immortel que notre corps est temporel !

Hiram symbolise la pérennité de l'ordre fraternel. Celui de auquel tu appartiens, et dont tu es maintenant aussi responsable. Cet ordre qui s'est fixé la mission de contribuer à l'avènement d'un monde meilleur, en te rendant meilleur toi-même.

Architecte de l'esprit et du cœur, Il te faudra tisser entre les hommes des liens fraternels, grâce à la bienveillance et la disponibilité dont tu feras preuve envers tous. Ainsi, en homme éclairé par ton étoile intérieure, tu rayonneras autant sur tes frères, que sur le parvis.

Tu rayonneras de ce feu primordial, que tu as reçu au 3ème voyage de ton initiation, en les éclairant tous par ta bonté et ton exemplarité. En homme libre, tu exerceras ton libre arbitre au service du grand œuvre, auquel tu apportera ta pierre.

Tu dirigeras ton esprit dans la verticalité, vers le perfectible, en direction du GADLU.

Hiram symbolise enfin la transmission des savoirs, des savoirs-faire, des savoir-être, et des savoir aimer, C'est cela cette lumière qui rend l'homme immortel et qui l'affranchit de la mort. Cet héritage spirituel, transmis au travers des siècles, par des générations successives. Cet héritage qui te parvient ce soir, alors même, que ceux qui l'ont légué pour la première fois, sont tous morts et oubliés depuis longtemps.

Tu es maintenant responsable, mon très cher frère, de ce patrimoine sacré, remis à ta garde, et dans l'espérance que tu saches un jour le transmettre intact, tout en y ayant ajouté tes propres richesses.

Ainsi, le Maître Maçon demeure fort dans la tentation, comme dans l'adversité. Il sait supporter la calomnie et les offenses, sans pour autant les admettre ou les oublier. Il se montre déterminé et juste dans ses combats, sans jamais pour autant céder à la haine. Il verra enfin lucidement les ténèbres, mais sans jamais leur permettre d'envahir son cœur.

Voilà, mon frère vénérable maître, car tel est désormais ton qualificatif dans la « chambre du milieu », voilà où vont désormais porter tes pas, sur le noble et long chemin que tu as choisi d'emprunter. Chemin sur lequel tu n'es pas seul car seul : tu ne pourrais rien !

Bienvenue donc, dans la chaîne d'union de ces chevaliers de lumière, de ceux qui ont pour mission de veiller et de protéger l'ordre maçonnique universel, chacun à la mesure de ce qu'il peut lui apporter.

J'ai dit !

La Lumière aux trois grades

Il n'est pas étonnant que l'homme aie très tôt associé la lumière au pouvoir Divin, Râ, par exemple, ou toutes autres divinités solaires. La lumière possède en effet, des propriétés étranges et très spécifiques :

- Elle révèle sans jamais être visible elle-même,

- Elle est perçue sans jamais pouvoir être touchée,

- Elle est émise sans jamais pouvoir être contenue.

Pour un Franc-maçon, la lumière est symbolique. Elle éclaire le chemin du cherchant. Elle symbolise tout ce qui va permettre au voyageur de ne pas tomber dans les ravins ténébreux, de surmonter les embûches qui jalonnent son parcours, et enfin de progresser envers lui-même.

La lumière est l'emblème de la Vérité absolue, le Graal des templiers, la pierre philosophale des alchimistes, et le verbe des théologiens. La lumière absolue est ainsi celle de la conscience simultanée de soi, des autres et du tout. Elle ne peut être vue que dans « l'un ».

En physique quantique, l'observation modifie les propriétés de ce qui est observé. Dans le domaine de l'esprit, il en est de même, et notre perception d'un concept sera toujours fonction du degré de progression acquis.

L'homme réapprend en permanence ce qu'il sait déjà, ou qu'il redécouvre, mais en perfectionnant sans cesse son savoir à la lumière de son expérience.

La lumière de l'apprenti :

Si le néophyte, après sa première mort symbolique, a vu le soleil, la lune et le maître de la loge ; l'apprenti, quant à lui, est assis au septentrion et est éclairé par la lune. Comme la lune, il se contente de recevoir la lumière. Cette lumière qui représente les connaissances maçonniques et l'Amour de ses Frères, et qu'il assimilera progressivement au moyen des 5 vertus nécessaires à ce degré: Silence, Humilité, Sincérité, Volonté, Assiduité.

L'exercice de ces vertus, le conduira vers l'introspection de son être, et lui fera découvrir sa véritable nature, sa « pierre cachée ». C'est alors, qu' il éclairera son temple intérieur, au flambeau de son discernement. Fort de la connaissance de soi, l'apprenti peut ainsi poursuivre sa quête de la grande Vérité. L'apprenti a alors initié son premier chantier intérieur : « Discerner et Apprendre », chantier qui n'aura pas de fin.

La lumière du compagnon.

L'apprenti change de colonne et passe au midi. Au midi, le compagnon est éclairé par le soleil. Le compagnon possède les connaissances maçonniques essentielles et, comme le soleil, il pourra « briller par lui-même » et ainsi, transmettre aux apprentis. Néanmoins, c'est la lumière de l'étoile flamboyante qui lui permettra de progresser davantage. Cette étoile, qui va bien au delà des 5 sens, qui exprime la quintessence alchimique des 4 éléments et de l'éther, et représente ainsi la magie du vivant. Cette étoile, animée par une fraction de l'essence absolue , représente l'homme idéalement accompli, conscient de sa véritable nature, et en pleine possession de son potentiel d'expression.

L'étoile flamboyante exprime non seulement le potentiel créateur de l'humain par le « petit g » ; mais aussi, et simultanément, celui bien plus grand encore mais similaire ; celui du GADLU, avec cette fois un « grand G ».

La table d'émeraude hermétique dit que « *Ce qui est en haut est comme ce qui est en bas et vice versa* » .... oserais-je ajouter ... et comme ce qui est en nous.

Le compagnon a ainsi progressé, il a vu et compris le sens de l'étoile flamboyante. il exprimera son potentiel humain, voyagera dans la connaissance et dans les différences. Il cultivera sa bienveillance, et intégrera à son raisonnement toutes les échelles et dimensions microcosmique, macrocosmique, sans oublier celle de son propre temple intérieur. Le compagnon a initié son second chantier intérieur : « Discerner et Apprendre pour Édifier fraternellement », chantier qui n'aura pas de fin.

La lumière du Maître

Le Maître n'est plus associé à une colonne, mais à la loge toute entière. Il a revécu la mort d'Hiram, son maître à penser, son père spirituel, au travers d'une seconde mort symbolique. Il est désormais en charge de poursuivre l'œuvre entreprise. Les lumières se sont éteintes, mais une encore demeure, au centre de son temple intérieur : l'amour. L'amour qui est partage et fraternité . L'amour qui a été reçu en nos cœurs et protégé par nos temples intérieurs. L'amour qui sera à même de tout reconstruire en retrouvant ce qui a été perdu, et rassemblant ce qui est épars. L'amour éternel qui se reconstruit de lui-même, tel l'acacia.

L'amour est partage car seul nous ne pouvons rien. Ceci, est parfaitement illustré par la cène : le dernier repas de Jésus de Nazareth, qu'il pris avec ses disciples. Le message était clair : *« Tu ne possède vraiment que ce qui t 'a été donné par tes frères, tu n'es réellement que ce que tes frères reconnaissent de toi, et ton immortalité réside au sein des cœurs dans lesquels tu auras semé l'Amour ».*

Jésus de Nazareth, considéré ici uniquement comme « Maître à penser », était ainsi un « semeur d'amour », il semait dans les cœurs, sans espoir de retour, et a aimé ses frères jusqu'à en mourir.

Le sacrifice d'Hiram pour protéger ses frères et l'édifice entrepris, est également du même ordre. L'enseignement de Jésus de Nazareth comme celui d'Hiram ou de tout autres grands sages, pourrait se résumer en ces neuf affirmations :

- La vie c'est l'amour,

- l'amour c'est le partage,

- le partage c'est la fraternité,

- la fraternité c'est la solidarité,

- la solidarité c'est la protection,

- la protection c'est la continuité,

- la continuité c'est la transmission,

- la transmission c'est la survie,

- la survie c'est l'immortalité.

On peut donc déduire de ce ternaire « Éternel (au sens du Gadlu) », « Amour » et « Vie », que :

- L'éternel est amour,

- L'éternel est vivant,

- L'amour est la vie.

C'est probablement la conscience de ceci qu'exprime le plus grand de tous nos symboles : le delta lumineux, la lumière la plus aveuglante de toutes, et celle qui illumine la loge en général et le cœur du Maître maçon en particulier.

Le maître a initié son troisième chantier intérieur : « Discerner et éclairer pour édifier fraternellement, l'oeuvre qui devra être protégée puis transmise ». Chantier qui ne cessera qu'à son arrivée à l'orient éternel.

J'ai dit !

Citations de sagesse

La tradition peut se définir comme la transmission d'un héritage dont on est fier, que l'on respecte et que l'on protège. Ceci est vrai quelle que soit la méthode de transmission: philosophique, alchimique, ésotérique ou encore maçonnique. La tradition ne s'oppose ainsi nullement à la modernité, puisque l'homme est resté tel qu'il a toujours été de tous temps: souvent aussi bête que sage, aussi bienveillant que nuisible, et ceci, dans des proportions inchangées !

Ci dessous, et pour nous en convaincre, quelques citations de grands esprits de toutes époques :

« *Lorsque le sage montre la Lune, le sot regarde le doigt* »

Confucius
(Env 400 Avant JC, soit il y a 2400 ans)

« *Lorsque les pères s'habituent à laisser faire les enfants, Lorsque les fils ne tiennent plus compte de leurs paroles, Lorsque les maîtres tremblent devant leurs élèves et préfèrent les flatter, Lorsque finalement les jeunes méprisent les lois parce qu'ils ne reconnaissent plus au dessus d'eux l'autorité de rien ni de personne, Alors c'est là, en toute beauté et en toute jeunesse, le début de la tyrannie.* »

Platon "la république" ..

environ 360 avant JC (il y a donc 2360 ans)

« On peut aisément pardonner à l'enfant qui a peur de l'obscurité. La vraie tragédie de la vie, c'est lorsque les hommes ont peur de la lumière. »

Platon

« A force de tout voir l'on finit par tout supporter...A force de tout supporter l'on finit par tout tolérer... A force de tout tolérer l'on finit par tout accepter... A force de tout accepter l'on finit par tout approuver ! »

Saint Augustin

« Une chose n'est pas juste parce qu'elle est loi ; mais elle doit être loi parce qu'elle est juste.»

« Il n'y a point de plus cruelle tyrannie que celle que l'on exerce à l'ombre des lois et avec les couleurs de la justice »

« Les lois inutiles affaiblissent les lois nécessaires »

« C'est une expérience éternelle que tout homme qui a du pouvoir est porté à en abuser »

« Quand dans un royaume il y a plus d'avantage à faire sa cour qu'à faire son devoir, tout est perdu. »

« *Nous louons les gens à proportion de l'estime qu'ils ont pour nous* »

« *Une injustice faite à un seul est une menace faite à tous* »

« *L'éducation consiste à nous donner des idées, et la bonne éducation à les mettre en proportion* »

« *Comme il faut de la vertu dans une république, et dans la monarchie de l'honneur, il faut de la crainte dans un gouvernement despotique ; la vertu n'y est point nécessaire et l'honneur y serait dangereux* »

Montesquieu
"L'esprit des lois"

« *Un homme n'est pas malheureux parce qu'il a de l'ambition, mais parce qu'il en est dévoré* »

« *Pour faire de grandes choses, il ne faut pas être un si grand génie ; il ne faut pas être au-dessus des hommes, il faut être avec eux* »

« *La plupart des hommes sont plus capables de grandes actions que de bonnes* »

Montesquieu
Oeuvres diverses

« A égale distance de l'infiniment petit, et de l'infiniment grand, l'homme: cet infiniment .... moyen »

Christian de Bartillat, 2009

« Dieu est diversité ... le diable est division »
Père boulad, 2009

www.ingramcontent.com/pod-product-compliance
Lightning Source LLC
Chambersburg PA
CBHW050909260726

48660CB00001B/113